GW01607095

Le beau Juif

Du même auteur,
chez le même éditeur

Femme interdite, 2015

Ali al-Muqri

Le beau Juif

Traduit de l'arabe (Yémen)
par Khaled Osman et Ola Mehanna

Traduit avec le concours du
Centre national du livre

LIANA LEVI *piccolo*

Titre original : *Al-Yahûdi al-hâli*

This edition published in agreement with
Thesis Contents Literary Agency
through PNLA/Piergiorgio Nicolazzini Literary Agency

ISBN : 978-2-86746-757-8

www.lianalevi.fr

Fatima jour après jour

1

Et puis l'an mille cinquante-quatre du calendrier musulman[1] est arrivé… C'est cette année-là, après que le vent du siècle m'a bousculé et que la mort m'a envahi, que j'ai décidé de narrer la chronique de Fatima, depuis le jour où je l'ai rencontrée jusqu'au moment où j'ai enfin fait corps avec mon rêve – union qui devait donner naissance à deux jumeaux : l'espoir et la tragédie.

L'histoire avait commencé sept ans plus tôt. À cette époque, j'accomplissais de menus travaux pour sa famille, et celle-ci me rétribuait, selon sa générosité, en maïs, pain ou sucreries.

Lorsqu'on m'avait proposé d'aller chez eux la première fois, j'étais réticent. Je préférais passer le plus clair de mon temps avec mon nouvel ami, que j'avais recueilli tout petit dans l'une des impasses de la ville, à l'insu de sa mère. Après lui avoir taillé le bout des oreilles avec une lame, je l'avais appelé « 'Allouss ».

Je n'ai pu l'emmener avec moi que la troisième fois. Ce jour-là, mon père m'a ordonné de porter du petit bois chez le « mufti », comme on l'appelait dans le village de Rayda. Puisant dans la provision que j'avais rapportée plus tôt de la montagne, ma mère a rassemblé plusieurs fagots et les a liés avec une branchette arrachée à un

1. Correspondant à l'année 1644 du calendrier grégorien. *(Toutes les notes sont des traducteurs.)*

arbre, avant de poser le tout sur ma tête. J'ai tiré à ma suite mon ami le chien, qui traînait des pattes aussitôt qu'il voyait une scène étrange. En sa compagnie, je sentais moins le poids de mon chargement que les deux fois précédentes.

Amat al-Raouf ne m'a prêté aucune attention, pas plus qu'à mon ami resté à m'attendre devant la maison. C'était d'habitude sa sœur Fatima qui ouvrait la porte aussitôt qu'elle m'entendait appeler: «Ohé, gens de cette maison!» Elle m'emmenait ensuite sur une terrasse du troisième étage, où on cuisinait et pétrissait le pain. C'est là que je déposais mon chargement.

Quand, après avoir surmonté les douleurs au sommet de mon crâne et les picotements provoqués par les brindilles, je finissais par ouvrir doucement les yeux, je voyais son sourire inonder les lieux. Elle ne se pressait pas pour me remettre ce que son père, sa mère, ou encore elle-même, m'avaient alloué comme rétribution de mon travail. Elle me flattait: «C'est ça les vrais hommes ou rien…», et me gratifiait de prières: «Dieu te bénisse… Que Dieu te donne la force et le pouvoir… Dieu te garde… Dieu te garde…»

Ce qui me rendait le plus heureux, c'était de l'entendre me dire: «Que Dieu te garde ta jeunesse et te procure la joie», ces paroles me faisaient savourer le bonheur d'être entré dans la force de l'âge, même si les jeunes de mon entourage ne cessaient de me répéter que je n'étais qu'un gamin comparé à elle. D'après ma mère, elle devait avoir dans les dix-sept ans – soit cinq ans de plus que moi.

Très souvent, après m'avoir servi du thé, elle restait à me fixer attentivement, sans que je sache ce qui me valait une telle curiosité puisqu'elle ne pipait mot. D'autres fois, elle prenait ma tête dans ses mains et l'attirait contre elle, ou bien se penchait vers moi, de sorte que sa poitrine venait au contact de mon visage, tandis qu'elle chuchotait : « Allons, qu'est-ce que tu as ? murmurait-elle… Qu'est-ce que tu as, dis-moi ? »

2

Un matin, elle me surprit en m'annonçant qu'à compter du lendemain, elle m'apprendrait la lecture et l'écriture. En conséquence, je devais me préparer à passer toutes mes matinées avec elle.

« Eh bien, mon beau Juif, on ne t'apprend donc rien, chez toi ? »

Ces mots, qu'elle avait prononcés dans un mélange d'ironie et de tendresse que je ne m'expliquais guère, m'ont perturbé. Non seulement elle me rangeait parmi ses possessions – j'étais « son » Juif –, mais en plus elle m'appréciait, suffisamment pour me trouver « beau »... J'ai haussé les épaules, dérouté par sa question – la lecture, je ne savais même pas ce que c'était, pas plus que l'écriture.

À la maison, quand j'ai interrogé mon père à ce sujet, il m'a expliqué que les paroles et les invocations qu'il récitait lors de ses prières étaient inscrites dans des recueils anciens, les savants les avaient transcrites sur des planches, des supports de cuir ou de papier afin que les lettrés y aient accès. Il m'a avoué que lui-même ne savait ni lire ni écrire, simplement, il avait mémorisé ces chants et ces incantations en assistant à la prière, psalmodiés par des récitants qui ne faisaient que les répéter après les avoir eux-mêmes entendus d'autres bouches.

Il a eu l'air surpris quand je lui ai fait part de mon projet d'apprendre à lire et à écrire chez la fille du mufti.

Il m'a observé longuement, mais s'est abstenu de tout commentaire. Quelques instants plus tard, je l'ai entendu qui se parlait à lui-même et marmonnait des paroles incompréhensibles.

Cette nuit-là, il m'a réveillé : « Écoute-moi bien. C'est quoi, cette histoire d'aller apprendre à lire et à écrire chez eux ? Tu es sérieux ? Bon, quoi qu'il en soit, prends garde de ne pas apprendre leur religion et leur Coran... Ce sont des Musulmans, mon fils, et nous, nous sommes des Juifs... tu m'as compris ? »

J'ai acquiescé d'un hochement de tête, mais ça ne l'a pas empêché de me réitérer sa mise en garde le lendemain matin, tandis qu'il me donnait un sac en peau d'agneau retournée où il avait glissé une ardoise polie pour écrire, un flacon de porcelaine rempli d'un liquide brun vif, ainsi qu'un bâton qui ressemblait à un gros cure-dent blanc, précisant que c'était pour écrire. Pour effacer, il m'a donné un chiffon de soie rembourré de coton, on aurait dit un petit oreiller ; il fallait le mouiller d'un peu d'eau pour l'utiliser.

Quand Fatima m'a accueilli, la joie se lisait sur son visage. Elle m'a fait entrer dans une salle de leur maison, une pièce tout en longueur qu'on appelait le *diwan*. Là, nous nous sommes installés face à face, et elle a commencé à écrire au tableau : « *sîn... alif... lâm... mîm...* Salem ». J'ai aimé mon nom tel qu'elle l'articulait de ses lèvres, comme si grâce à elle, je découvrais pour la première fois que j'avais un prénom et une place dans l'existence. Elle a pris ma main et l'a guidée pour m'apprendre à tracer les lettres, puis à les prononcer à haute voix.

Quand j'eus fini l'exercice qu'elle m'avait demandé, elle a dit : « Joli, très joli... comme tu es intelligent ! » Puis elle a ajouté avec un sourire : « À partir de maintenant, tu auras le choix pour écrire ton nom : “Salem le Juif”, ou “Salem le Beau”, ou bien mieux, “le beau Juif”, qu'en dis-tu ? » Intimidé, je ne savais que répondre, aussi me suis-je contenté de baisser la tête pour éviter de croiser son regard. « Dans ce cas, va pour “le beau Juif”, a-t-elle renchéri, je sais que tu aimes que je t'appelle comme ça. » Là-dessus, elle m'a appris à former les lettres composant mon nom et mon nouveau titre, qu'elle se plaisait à scander avec des accents chantants.

De ce jour-là, je me suis rendu chez elle tous les matins pour ma leçon. Pour commencer, elle m'a appris l'alphabet, toutes les lettres arabes depuis l'*alif* jusqu'au *yâ'*; ensuite elle m'a expliqué comment relier différentes lettres entre elles pour former un mot : « Père, mère, libre, amour, passion... »

Quand j'ai commencé à pouvoir lire et écrire tant bien que mal, d'abord des mots, puis des phrases entières, elle m'a apporté un livre calligraphié dans des encres de différentes couleurs, et m'a demandé de lire. J'ai admiré l'ornementation des mots, les lettres attachées et surmontées de tant de signes et de points que j'avais des difficultés à les déchiffrer. Cependant, il m'a suffi de les entendre prononcés par Fatima pour réussir à les mémoriser.

À vrai dire, ce que j'ai retenu, c'est sa voix, bien davantage que ces mots que je n'arrivais pas du tout à réconcilier avec leur prononciation. C'était sa manière de les interpréter d'une voix mélodieuse qui m'a attiré et fasciné. J'ai commencé à psalmodier les paroles à sa manière, que ce soit devant elle, ou bien sur le chemin du retour, ou encore à la maison :

Par le Soleil et sa clarté !
Par la lune quand elle le suit !
Par le jour quand il éclaire la terre !
Par la nuit quand elle l'enveloppe !
Par le ciel ! – Comme il l'a bien construit ! –
Par la terre ! – Comme il l'a bien étendue ! –
Par une âme ! – Comme il l'a bien modelée !

Je me suis gorgé d'autres mots encore :

Par la clarté du jour !
Par la nuit, quand elle s'étend !
Ton Seigneur ne t'a ni abandonné, ni haï !
Oui, la vie future est meilleure pour toi que celle-ci.
Ton Seigneur t'accordera bientôt Ses dons et tu seras satisfait.
Ne t'a-t-Il pas trouvé orphelin et Il t'a procuré un refuge.
Il t'a trouvé errant et Il t'a guidé.
Il t'a trouvé pauvre et Il t'a enrichi.
Quant à l'orphelin, ne le brime pas.
Quant au mendiant, ne le repousse pas.
Quant aux bienfaits de ton Seigneur, raconte-les.

Lorsque le son de ma voix scandant ces mots-là est parvenu jusqu'à lui, mon père a failli devenir fou. Il n'arrêtait pas de se lever puis de se rasseoir, puis d'aller et venir en criant : « Malédiction… Malédiction ! » Ma mère, tout en lui demandant la raison de ses cris, a tenté de le calmer : « Le petit ne fait rien de mal ! Il se contente de réciter des poésies arabes, pleines de belles paroles sur le soleil, la lune, et la bénédiction accordée par l'Éternel aux orphelins. » Son sang n'a fait qu'un tour : « Mais qu'est-ce que tu racontes, pauvre femme ?

C'est du Coran[1], le texte sacré de l'islam ! Ils vont pervertir le gamin, ils vont pervertir le fils du Juif… Le fils du Juif, ils vont le pervertir, tu m'entends ?! Malédiction… Malédiction ! »

Notre voisin Assaad n'a pas tardé à entendre le vacarme ; aussitôt il s'est écrié, depuis le toit de sa maison : « Eh bien, Naccache, qu'est-ce qui t'arrive ? » Quelques instants plus tard, il poussait la porte de chez nous pour réclamer plus d'explications. Après sa visite, il n'y a plus eu personne dans notre quartier pour ignorer ce qu'il venait d'apprendre.

Les agissements de Fatima semblaient avoir allumé un véritable incendie. Et pourtant elle n'avait rien fait, si ce n'est m'apprendre à lire et à écrire.

---

1. En effet, les deux poésies de la page précédente sont deux sourates du Coran : Le Soleil, XCI, 1-7, et La Clarté du jour, XCIII, citée ici dans son intégralité. *Sauf mention contraire, les citations du Coran sont extraites de la traduction de Denise Masson, parue dans la Bibliothèque de la Pléiade, Gallimard.*

3

Sept jours avaient passé sans que je retourne chez eux, quand, au matin du huitième jour, elle a fait irruption chez nous. En l'accueillant, ma mère avait l'air embarrassé. Je l'ai entendue qui marmonnait tout en préparant le café : « Est-ce possible ? Une Musulmane dans la maison d'un Juif ? »

Je savais que ma mère l'avait déjà rencontrée plusieurs fois chez le mufti, ou chez d'autres voisins musulmans, mais ce que j'ignorais, c'est que la visite d'une Musulmane au quartier juif était une chose inconcevable.

Après avoir bu son café, Fatima s'est tournée vers moi : « Qu'est-ce qu'il a, mon beau Juif, pourquoi il vient plus chez nous ?

– Je ne sais pas, c'est son père qui le lui a interdit », a répliqué ma mère. Elle a eu l'air estomaqué quand sa visiteuse a demandé à voir mon père, afin qu'il lui dise de vive voix pourquoi il m'interdisait d'aller chez elle.

Je suis allé le chercher, mais je ne l'ai pas trouvé. Mon frère Hazaa, qui travaillait avec lui au magasin, m'a indiqué qu'il participait à une réunion avec un groupe de Juifs – précisément à cause de moi.

Au sein de la communauté, il n'était un secret pour personne, des plus jeunes aux plus âgés, que de vives discussions avaient lieu chez le rabbin ; le sujet en était les leçons que j'avais prises chez le mufti. Celles-ci avaient causé un scandale tel que je me suis demandé si cette crise se terminerait jamais.

Quand mon père est enfin arrivé, il a répondu aux questions de Fatima en dissimulant tant bien que mal son embarras : « Non, non, il n'y a pas de problème, je me suis juste dit qu'il pourrait m'aider... j'ai besoin de lui au magasin. »

Je l'ai observée tandis qu'elle remettait le voile sur son visage, le couvrant entièrement, à l'exception de ses yeux qui dansaient de joie quand ils me regardaient.

« Ah bon, je pensais que vous étiez contrarié que je l'initie à la culture des Arabes. »

Affectant un air surpris, il a murmuré doucement quelques mots qu'il semblait réarranger au fur et à mesure afin de les rendre moins gênants :

« Je vais vous dire la vérité : nous vous portons une grande estime, et votre père, nous tenons à lui plus qu'à notre tête, plus qu'à la prunelle de nos yeux. Tous les Musulmans sont nos seigneurs, il n'est pas question de leur dire non, jamais... »

Je n'ai pas saisi la suite, car ces mots m'avaient perturbé et incité à réfléchir. L'incident m'avait ouvert les yeux sur le mépris qui pointait dans la voix de mes coreligionnaires chaque fois qu'ils s'adressaient à moi ; ce mépris, je le voyais à présent dans leur démarche, dans chacun de leurs gestes.

Malgré cette introduction de bon augure, il a dû poursuivre en lui indiquant qu'il n'était pas disposé à ce que j'étudie le Coran. « Ce que je lui ai appris, s'est-elle justifiée, ce ne sont que des rudiments de langue arabe, pour qu'il puisse lire et écrire. Je sais bien qu'il est juif, vous avez votre religion et nous avons la nôtre, pas de problème. Nous sommes tous les descendants d'Adam, et Adam est issu de la tourbe qui nous est commune à tous. Mais une langue, ce n'est pas que de la religion, c'est aussi de l'histoire, de la poésie, des sciences. Tenez, parole d'honneur, nous avons sur les étagères de notre maison des livres qui, lus par des Musulmans, leur feraient aimer les Juifs, et lus par des Juifs, leur feraient aimer les Musulmans ! »

Cette dernière tirade a procuré à mon père – il me l'a avoué par la suite – un plaisir et un étonnement qu'il n'avait jamais éprouvés auparavant.

Il s'est détendu et ses traits sont devenus plus sereins, comme s'il avait retrouvé une part de sa dignité. Je m'attendais à ce qu'il mette des conditions à la reprise de mes leçons chez le mufti, mais il n'y avait rien de tel dans ce qu'il a dit :

« Mon fils est à vous, disposez-en comme vous voudrez... Vos paroles sont douces, elles s'insinuent dans le cœur et procurent l'harmonie de l'esprit... Vous valez mieux que mille hommes, Madame, faites comme bon vous semble, apprenez-lui ce que vous aimez, nous vous portons dans nos yeux, vous êtes la reine qui couronne nos têtes. »

Le soir, quand ma mère lui a raconté ce qui s'était passé, mon frère s'est montré furieux. « Un Musulman qui rencontre une Musulmane, même emmitouflée dans des vêtements qui ne laissent pas voir la moindre parcelle de son corps j'en ai jamais entendu parler. Et vous voulez me faire croire qu'une d'elles a demandé à rencontrer un Juif, non, pis encore, que le tête-à-tête a effectivement eu lieu ?

– Moi-même, je suis comme toi, j'ai peine à y croire, a répliqué ma mère, mais ça s'est passé sous mes yeux. » Puis elle a ajouté : « La garce l'a hypnotisé. »

J'ai failli exploser de rage en l'entendant traiter Fatima de « garce » ; ma colère n'est retombée que le soir, quand mon père a utilisé le même mot pour interpeller ma mère : « Remplis donc moi la panse, petite garce, allez, salope-nous donc le repas. »

Or il avait l'air de bonne humeur, c'était sa façon naturelle de s'adresser à sa femme : « Passe-moi ça, petite garce, dégage petite garce, tais-toi petite garce. » J'ai compris que ma mère n'avait pas trouvé d'autre terme pour la désigner.

J'ai renoué avec les leçons, mais le jour même, mon père m'a demandé d'aller chez le rabbin afin de suivre aussi des cours chez lui. Le tumulte causé par mes leçons chez le mufti avait provoqué un regain d'intérêt pour l'enseignement juif dans la communauté. Les gamins envoyés chez le rabbin étaient si nombreux que la cour de sa maison était trop petite pour les accueillir tous, on avait dû les répartir en deux groupes avec des horaires différents.

Je me démenais pour suivre les deux enseignements de front, la leçon d'arabe le matin, et le cours d'hébreu l'après-midi. Notre voisin Assaad a continué à venir fréquemment à la maison.

« Quand vas-tu enfin interdire à ton fils d'aller chez ces maudits infidèles ? disait-il périodiquement à mon père.

– Tais-toi, Assaad je t'en supplie, s'ils nous entendaient…

– Pourquoi t'as tellement peur d'eux ? Ils sont loin ! »

Non seulement mon père a refusé de céder aux pressions, mais il a complètement changé d'attitude. Il avait suffi qu'il entende pour la première fois des mots prononcés par un représentant féminin de la communauté musulmane, et même par un de ses représentants tout court. Il m'a fait comprendre qu'il ne ferait pas même d'objection si je me mettais en tête de me convertir à l'islam.

4

Au troisième jour de la fête du sacrifice – ou de l'Aïd al-Kabîr, comme l'appellent les Musulmans –, je suis allé chez le mufti. Je l'ai trouvée en train de pleurer à chaudes larmes, de sorte que je n'ai pas eu l'occasion de lui présenter mes vœux – ainsi qu'à ses parents et à sa sœur Amat al-Raouf – selon la formule que mon père m'avait apprise : « Je vous souhaite une joyeuse fête du Sacrifice, que l'Éternel vous gratifie, ainsi que tous les Musulmans, de Sa prospérité et de Sa bénédiction. »

« Elle pleure depuis l'aube, nous a expliqué sa sœur. Dès le premier jour de l'Aïd, mon père avait demandé au boucher d'égorger le mouton destiné au sacrifice, mais elle s'est arrangée pour repousser plusieurs fois l'échéance. Le premier jour, elle a dit que le mouton devait brouter de l'herbe bien verte et absorber plus de sel pour que sa viande soit meilleure et qu'on en tire une soupe délicieuse. Le deuxième jour, elle nous a affirmé qu'égorger le mouton alors qu'il a faim et soif était immoral, et même un péché. Mon père ne lui refuse jamais rien, mais il n'y avait plus qu'aujourd'hui pour procéder à l'égorgement, alors... »

Fatima a cessé de pleurer et a jeté un regard noir à sa sœur, comme pour lui intimer le silence, ou bien parce que la suite de l'histoire était trop douloureuse à entendre.

Quand elle s'est calmée et que nous nous sommes retrouvés seuls, elle a changé de sujet: « Ils ont tué mon frère sans la moindre pitié... ils l'ont assassiné et m'ont laissée dans la solitude et l'affliction. C'est comme si on m'avait amputée d'une partie de mon âme. Ils ont tué mon frère, tu te rends compte ? »

Je ne savais pas qu'elle avait des frères et sœurs, à part Amat al-Raouf. Par la suite, j'ai compris que ce frère dont elle me parlait, c'était le mouton.

Ce jour-là, elle m'a longuement questionné sur 'Allouss, puis elle est sortie avec moi pour le voir, comme si elle voulait ainsi se consoler. Elle ne cessait de secouer la tête en imitant le sifflement par lequel je l'appelais: « Cshçioouu ! »

« Saurais-tu écrire ce mot? m'a-t-elle demandé.

– Bien sûr, pourquoi je pourrais pas ? C'est facile. »

Elle a souri, se doutant peut-être que je plaisantais. De fait, il y a des mots que n'importe qui peut prononcer, mais qu'on a du mal à orthographier comme ils se prononcent. D'ailleurs, personne ne peut dire qui a raison entre ceux qui l'écrivent « Cshçioouu... ! » et ceux qui préfèrent le transcrire « Chsçioouu... ! »

'Allouss m'accompagnait chaque fois que j'allais chez le mufti, il s'asseyait devant la maison, face au mur. À peine sorti, je croisais ses yeux, comme s'il était resté là à fixer la porte en attendant que j'en aie fini. Lorsqu'il a grandi – ses pattes étaient désormais bien plus longues –, il m'arrivait souvent de le caresser en public, passant ma main sur sa tête, son échine ou son dos. En nous voyant tous les deux, les passants criaient: « Sacré chien ! »

Qui visaient-ils ? 'Allouss, ou bien son maître Salem ? En criant cela, ils ne me quittaient pas des yeux – peut-être voulaient-ils m'insulter en me traitant de chien. En tout cas, pour moi, ce n'est pas une insulte, je ne me sens pas du tout différent de lui, et même si je découvrais des différences, je continuerais de penser qu'il vaut mieux que beaucoup de gens.

Une nuit, il a soudainement disparu, au matin on a trouvé sa niche vide… Fatima m'a consolé en m'offrant un livre, elle m'a dit que son titre était *Les vertus des canidés pour leurs maîtres qui vont habillés*, écrit par un certain al-Marzabani[1].

« Une fois que tu auras maîtrisé la langue arabe, tu seras capable de le lire. »

Pendant quatre mois j'ai cherché 'Allouss sans relâche. Tous les matins, j'allais vérifier s'il était retourné à la niche que je lui avais fabriquée devant notre maison, à partir de planches de bois et de branches sèches. Mon père n'oubliait jamais que la niche pouvait accueillir deux chiens, la preuve, quand il était fâché contre moi, il me lançait : « Va donc dormir à côté de ton ami. »

Bien longtemps après la perte de mon ami, et alors que la niche était tombée en ruines sous l'effet des averses et des vents puissants – quatre mois avaient passé –, je me suis mis à la recherche du livre afin d'y trouver quelque consolation, ne serait-ce qu'en passant la main sur sa couverture, mais je ne l'ai pas trouvé. J'ai fini par me convaincre qu'il était bel et bien perdu : il s'était volatilisé, tout comme 'Allouss.

---

1. Érudit arabe d'origine persane qui vécut à Bagdad au dixième siècle ; il est l'auteur d'une œuvre considérable, notamment de nombreuses compilations consacrées à la poésie, ainsi que des traités plus légers, comme celui mentionné ici.

5

Au bout de deux ans de fréquentation de la maison du mufti, j'étais enfin capable de lire et d'écrire en arabe. J'ai pu commencer à m'attaquer à de courts textes de philosophie, de jurisprudence islamique et d'algèbre. J'ai particulièrement apprécié un traité d'astronomie, et un autre – sans titre – consacré à la médecine. Fatima m'a dit qu'il était d'ibn Sina – « Avicenne » – mais elle n'en était pas sûre, le nom de l'auteur n'étant pas non plus mentionné. Ce qui m'a surpris, c'est la présence, au milieu de tous les livres, d'un ouvrage en arabe sur l'Ancien Testament.

Parallèlement, j'avais aussi acquis la lecture et l'écriture en hébreu, grâce à mon apprentissage chez le rabbin. En plus du Talmud, je me suis familiarisé avec les interprétations de la Mishna et de la Guémara. Découvrant cela, Fatima m'a demandé de lui apprendre à lire et à écrire l'hébreu. J'en étais heureux, pas plus étonné que cela de sa requête : elle en savait déjà beaucoup sur la religion juive, même plus que certains Juifs.

En très peu de temps, à peine un an, elle a été capable de lire couramment l'hébreu. Ce jour-là, elle m'a dit, avec cette intonation charmeuse que j'aimais tant : « À présent, si tu veux bien, je te demanderai d'avoir l'obligeance de m'apprendre la loi canonique juive, afin que je sache si cela correspond à ce que j'en ai lu dans les livres arabes. » J'ai souri avant de répliquer : « Après ça, tu ne trouveras plus de rival à ta taille, excepté le rabbin en personne.» Elle a éclaté de rire. «Vous n'êtes pas nos rivaux, à Dieu ne plaise, mais nos cousins, nos voisins et nos bien-aimés!»

Avec ses mots, elle a progressivement guéri les douleurs des blessures et des frustrations que je ressentais et avec lesquelles j'avais grandi. Je me souvenais de ce jour où j'avais commencé à me poser cette question: «Qui sommes-nous?» La question était trop avancée pour mon âge, moi qui à l'époque avais à peine dix ans. Tout ce que je savais, c'est que je m'appelais Salem, que j'étais le fils d'un homme appelé Youssef al-Naccache et d'une femme prénommée 'Afraa, et que mon frère s'appelait Hazaa. L'information la plus importante que j'avais en ma possession, c'était le nom du village où nous habitions: Rayda.

À l'époque, mon père a commencé à m'emmener avec lui dans son échoppe sur le marché. Je le regardais tandis qu'il disposait les différents modèles de *qamariya*[1] et sciait les portes et les fenêtres en bois. Là-bas, il n'y avait personne pour jouer avec moi, excepté Hussein, le fils du boutiquier d'à côté.

«Vous êtes d'où, vous autres?» m'a-t-il un jour demandé tandis que nous jouions devant le magasin de son père.

«Je suis de Rayda, j'ai répliqué, c'est chez nous ici.»

Il s'est mis à hurler:

«Non, c'est pas chez vous, ici, ce pays est à nous, toi tu n'es qu'un infidèle de Juif.»

J'ignorais le sens du mot «infidèle». Tout ce que je savais, c'est que j'étais juif. La preuve, les enfants qui

1. Fenêtres agrémentées d'un vitrail, largement utilisées dans l'architecture traditionnelle yéménite.

n'étaient pas de notre quartier ne me désignaient jamais autrement : « Hé, le Juif ! » Les adultes qualifiaient tous les habitants de notre quartier de « Juifs ». De ce fait, les choses semblaient plutôt faciles à comprendre ; dans mon esprit, « Juifs » désignait ceux qui habitaient notre quartier, et il n'y avait pas à chercher plus loin.

D'ailleurs, deux jours avant mon altercation avec Hussein, un incident semblable s'était déjà produit : un vieillard m'avait taquiné, et je lui avais rendu la pareille en arrachant un poil blanc de sa barbe. Il s'était mis en colère et avait hurlé en me pinçant l'oreille : « Non mais regardez-moi ce Juif fils de Juif, maudit de sa race ! »

J'étais donc habitué à ces insultes, qui pour moi, n'en étaient pas vraiment. En fait, la seule chose qui me choquait, c'était le ton grandiloquent dont Hussein avait usé : on aurait dit le crieur public que j'avais déjà vu se camper sur le marché pour lire un avis à la population émanant du prince des Croyants. Cette grandiloquence m'a fait rire, et Hussein a dû croire que je me moquais de lui. D'un air menaçant, il s'est écrié : « Je vais t'en faire voir ! » Mais en réalité, il ne m'a rien fait voir du tout. Il savait que si nous faisions la paix, il pourrait continuer à jouer avec moi et surtout à profiter de ces modèles réduits que je fabriquais et qui l'émerveillaient, lui et les autres qui se joignaient à nous pour partager nos jeux. Cependant, notre réconciliation était à peine scellée qu'il ajoutait : « D'après mon père, les Juifs n'ont pas le droit de manger les délices de 'Aden. »

« Ça, ça m'étonnerait », ai-je rétorqué, ce qui l'a mis hors de lui : « Je lui dis "d'après mon père" et tout ce qu'il trouve à répondre, c'est "ça m'étonnerait" ! »

Hussein devait avoir le même âge que moi, et malgré le temps que me prenaient mes divers enseignements, je me sentais toujours proche de lui.

À la maison, mon père m'a expliqué le vrai sens de cette désignation – « les Juifs ». Il m'a détaillé nos interdits alimentaires; bien entendu, les délices de 'Aden n'en faisaient pas partie. Il s'agissait d'une sorte de gâteau importé, très cher de surcroît, si bien que seuls en mangeaient l'imam et son entourage. Ni les Juifs ni les Musulmans ordinaires n'avaient les moyens de s'en procurer.

6

Après avoir pris des cours chez le mufti pendant plus de deux ans, je me suis arrêté. Je continuais cependant à expliquer à Fatima certaines phrases qu'elle avait lues en hébreu dans le Talmud et n'avait pas réussi à comprendre. Elle était émerveillée par ce qu'elle découvrait, particulièrement les hymnes et les psaumes.

Pour ma part, je continuais à me servir parmi les livres rangés dans la bibliothèque de la maison du mufti; je les lisais sur place, n'osant pas les emporter chez moi, de peur que mon frère ou mon voisin Assaad ne les voient. Cette année-là, j'ai entamé une phase nouvelle qu'on aurait pu appeler « la lecture pour le plaisir ». J'ai lu *De la distinction entre les appartenances religieuses, les identités et les dogmes*, d'ibn Hazm l'Andalou, *Le Livre des religions et des sectes*, de Chahrastani, l'Ancien et le Nouveau Testament en arabe, un livre consacré au culte des idoles, par ibn Kalbi, sans oublier le Coran bien sûr, ainsi que *Les Gemmes de la sagesse*, d'ibn 'Arabi. J'ai également lu les œuvres poétiques de Hallaj et une biographie retraçant son parcours.

Les mois ont passé, et des rumeurs ont affirmé que Fatima avait refusé d'épouser son cousin paternel al-Safiy. Quand elles avaient commencé à circuler, j'étais encore un gamin, inapte à saisir leur véritable signification. Avec le temps, il m'est apparu plus clairement qu'elle était hostile par principe au mariage. Cependant, je ne voyais pas où tout cela pouvait la conduire.

Bientôt, Amat al-Raouf, de cinq ans sa cadette, a épousé un de ses cousins de Sanaa, où elle est partie vivre avec lui; je n'avais plus personne à qui parler dans la maison du mufti hormis Fatima.

Non seulement elle passait du temps avec moi à examiner les livres en arabe et en hébreu, mais en plus elle était devenue mon unique interlocutrice pour tout ce qui avait trait aux services que je leur rendais. Même quand son père ou sa mère étaient présents, ils ne se mêlaient pas des détails, se contentant de savoir que j'étais passé. C'était Fatima qui s'occupait de tout, autant de me verser ma rétribution que de me donner ses instructions pour les choses à rapporter.

Un jour, m'enhardissant, je l'ai interrogée: « Pourquoi refuses-tu de te marier? Pourquoi tu te maries pas comme ta sœur? »

La question l'a prise au dépourvu, apparemment, elle ne s'attendait pas à cela de ma part. Elle m'a scruté attentivement: « Tu voudrais que je me marie? Que j'aille m'installer au domicile de mon mari et que tu ne me voies plus? C'est vraiment ça que tu veux? »

Sa réponse, qui dépassait le cadre de ma question, m'a laissé sans voix; j'en étais réduit à retourner à ma solitude. Cependant, je n'ai pas oublié ce qu'elle m'avait dit, et qui m'avait plongé dans une mer d'égarement infinie.

Le lendemain, j'ai eu le sentiment qu'elle avait décidé de répondre d'une autre façon à ma question de la veille, quand elle m'a remis un exemplaire du *Collier de la colombe*, d'ibn Hazm l'Andalou. Je ne savais pas pourquoi elle tenait tant à ce que je lise ce livre-là, qui n'était qu'un ouvrage parmi tous ceux auxquels j'avais accès par mes propres moyens.

Je l'ai dissimulé à la vue de tous, l'enfouissant sous mes vêtements, tout près de mon cœur; cependant, Assaad a remarqué la bosse au niveau de mon torse et a tendu prestement la main pour se saisir du livre. Sa réaction a été violente et immédiate, comme s'il me soupçonnait depuis longtemps: si mon père ne s'était pas interposé, il aurait pu me tuer.

Nous avons passé deux jours sans nous parler, jusqu'à ce que j'aie terminé ma lecture et découvert ce qu'elle avait en tête en me donnant ce livre: vraisemblablement un passage de quatre lignes et demie, qu'elle tenait absolument à ce que je lise. Elle ne l'a pas dit explicitement, ni même par allusion, mais je l'ai compris par moi-même. Je l'ai considéré comme le premier secret entre nous, un secret que je n'ai jamais divulgué par la suite, jusqu'à aujourd'hui. Ce livre et les autres que j'avais lus auparavant m'avaient transformé en un être différent ou, plus exactement, en un être doué de sensibilité.

L'expression «le beau Juif» n'avait plus sur moi le même effet enchanteur. Certes, je l'entendais toujours avec plaisir, mais j'ai commencé à ressentir que ces deux mots constituaient le noyau de mon existence, voire mon existence tout entière. À travers eux, ce que j'étais, et même ce que j'allais être à l'avenir, n'était plus un mystère pour moi. Je ne veux pas dire que j'avais percé l'inconnaissable, non, mais je n'étais plus angoissé par ce qui pourrait bien m'arriver, du moment que j'étais protégé par l'ombre affectueuse de ces mots et que je pouvais continuer à baigner dans les délices de cette tendresse qui émanait de Fatima quand elle les prononçait.

Du reste, des occasions pour m'appeler comme ça, il n'en manquait pas. Quand j'avais l'air heureux: «Le beau Juif a l'air satisfait aujourd'hui. Puisse Dieu accroître sa satisfaction!»

Quand j'arrivais de bonne heure: «Le beau Juif a surgi comme la lumière du matin.» Quand j'étais en retard: «Eh bien, qu'a-t-il à nous faire languir ainsi, le beau Juif?» Si le chagrin assombrissait mon visage: «Diable… le beau Juif est fâché, par Dieu, il faut qu'il se débarrasse de ses tourments. Il n'y a rien en ce monde qui mérite qu'il se ronge les sangs!»

Elle passait ses doigts sur mon visage quand la tristesse s'y lisait ou que ma voix la trahissait; si elle voyait que le chagrin m'avait distrait d'elle, elle attirait ma tête contre sa poitrine et la caressait jusqu'à ce que je retrouve mon calme, ou que je m'abandonne à un flot de sanglots irrésistibles.

Les effluves parfumés qui se dégageaient de sa poitrine, mêlés à la sueur, baignaient ma tristesse et la décuplaient. Sans doute avais-je besoin de pleurer, et je n'arrivais à déverser mes pleurs que lorsqu'elle m'enveloppait dans ses bras et que ma tête était blottie contre elle.

Je me disais que j'aurais pu continuer ainsi à vivre des années comblé par cette félicité. Hélas les jours ont passé, et la joie s'est habillée de mélancolie, même si je continuais à espérer ardemment le moment où elle presserait ma tête contre sa poitrine. Quand ce manège s'est répété plusieurs fois et qu'elle a décelé un jour le bonheur qui m'emplissait, elle a hoché la tête comme si elle avait soudain une révélation: «Mon Dieu, qu'as-tu fait? Un beau Juif, certes, mais qui dissimule en lui un démon rusé, ainsi tu joues les malheureux devant moi pour que je t'étreigne. Eh bien, quel coquin tu fais, plus coquin que toi il n'y a pas ! »

J'ai ri puisqu'elle avait l'air de me taquiner. J'ai même forcé mes éclats de rire pour échapper à l'embarras infligé à ma timidité. Je savais que j'étais sincère et que je ne trichais pas – comment aurais-je pu la tromper ? Mon explication était que je lui avais montré involontairement deux facettes de moi-même : une facette douloureuse, dont j'ignorais d'où elle me venait, comment elle s'était constituée, et une seconde plus roublarde, dont je n'arrivais pas à savoir vers quoi elle me poussait, si ce n'est à tourner et à louvoyer autour d'une pièce hermétiquement close. Je tentais désespérément d'ouvrir la porte, m'obstinant quand bien même je ne disposais pas de la bonne clef – comme si j'espérais un miracle…

7

Nous avons remarqué que son père se joignait souvent à nous quand nous étions seuls dans le *diwan*, et sa mère aussi. Est-ce qu'ils nous surveillaient?

Mon père a confirmé nos soupçons, et en même temps, il s'est arrangé pour mettre fin à cette situation: «À partir de demain, a-t-il déclaré, tu viendras travailler avec moi au magasin… La lecture, ça va comme ça, tu es grand maintenant, et il faut que tu m'aides… Après ça, on te mariera… On va te trouver une belle Juive.»

Il avait décidé et sa décision était sans appel. Je l'ai supplié de me laisser aller chez le mufti rien qu'une fois, pour récupérer mes affaires – les livres et les cahiers.

Le lendemain matin, j'ai raconté à Fatima ce qui s'était passé et elle a paru abasourdie; elle n'a pas dit un mot. Même ses belles paroles qui avaient l'art de me consoler avaient disparu. Je me suis contenté de boire le thé qu'elle me tendait. Tandis que mes pas me portaient vers la sortie, j'ai murmuré:

«Je ne peux pas vivre sans toi.

– Qui a dit que tu vivrais sans moi, ou que je vivrais sans toi… on peut rester ensemble si tu crois en notre destin.»

Tout le long du chemin, j'ai pensé à ce qu'elle avait dit. Comment allions-nous faire pour nous retrouver? J'étais convaincu que la vie sans elle était impossible. Mais en étions-nous capables ?

Quoi qu'il en soit, je n'ai pas pu réfléchir longuement à notre destin tracé : en arrivant à la maison, j'ai trouvé ma mère en train de pleurer et de se frapper la tête et les cuisses. Elle était assise à côté de mon frère allongé sur son lit. Assis de l'autre côté, mon père essayait de lui ouvrir la bouche pour l'obliger à boire une mixture brune.

Hazaa, qui était de sept ans mon aîné, refusait de boire : « Ça pique… c'est trop acide ! » criait-il. Mon père a dit qu'il guérirait, puis est parti travailler, me demandant de rester avec mon frère – je pourrais commencer le travail au magasin le lendemain.

Je suis resté aux côtés de mon frère à tâter son corps brûlant et à le masser. Visiblement, la fièvre avait eu raison de lui. Ma mère a pointé quelques boutons enflammés sur ses mains et ses pieds, ils étaient purulents et il en sortait des gouttes de sang et de pus, il avait dû les gratter avec ses ongles. Elle a dit qu'il avait été piqué par les moustiques, et qu'il était en proie à une violente jaunisse.

Il gémissait et délirait, laissant échapper des phrases décousues, la plupart incompréhensibles. À vingt-deux ans passés, il n'avait toujours pas manifesté le souhait de se marier, pis, n'avait jamais exprimé la moindre attirance pour une fille. Or, pour mon plus grand étonnement, il parlait dans son délire d'une beauté capable de séduire l'esprit et le cœur, un havre pour les orphelins, un refuge pour les vagabonds, un modèle de bonté, de tendresse – le nectar de la vie. J'ai interrogé ma mère : « C'est qui celle-là, "le nectar de la vie" ? C'est la fille de qui ?

– Jérusalem », a-t-elle répondu.

À part le samedi, je n'avais guère eu l'occasion de me rapprocher de mon frère, car il passait tout son temps au magasin avec mon père. Les rares fois où nous parlions, il évoquait ses rapports difficiles avec les Musulmans et les fréquents incidents qui les opposaient. Il était convaincu que le Messie viendrait bientôt attribuer la souveraineté aux Juifs. « Ce jour-là, promettait-il, la voix étouffée par la rage, je me vengerai de tous les Musulmans, même ceux qui ne m'ont rien fait, c'est déjà assez qu'ils se soient tus devant nos tourments. Je ferai avorter leurs embryons avant leur naissance, et si par extraordinaire ils viennent quand même au monde, je ne les laisserai pas vivre assez longtemps pour qu'ils deviennent des ennemis puissants. Oui, des ennemis, voilà ce qu'ils sont pour nous, dès avant leur naissance, avant leur conception, même. »

Ce jour-là, j'ai compris qu'il ne réaliserait jamais son rêve d'atteindre la lointaine Jérusalem, qu'il ne sortirait jamais du périmètre de Rayda.

Il est décédé avec la tombée de la nuit, après avoir fini de dérouler son délire et s'être tu.

8

D'après mon père, le décès de mon frère était une raison encore plus déterminante pour que je travaille avec lui. La première semaine, il m'a appris les principes de la fabrication des *qamariya* à partir de moules en bois, en pierre et en plomb en forme de lune, de croissant, de soleil, d'yeux et d'étoiles à six branches, exactement comme l'étoile de David.

Je me suis entraîné à réaliser ces formes et à les munir de vitraux et d'empâtements en relief de la taille d'un petit doigt, modelés dans du plâtre, la matière dont on formait tous les motifs – les demi-cercles et les demi-lunes. Le modèle qui avait mes faveurs, c'était la grande *qamariya* – celle dont la base mesurait un peu plus de trois coudées –, très demandée par les propriétaires de maisons à larges fenêtres. J'aimais par-dessus tout l'exécuter, bien plus que les petites *qamariya.*

J'ai aussi appris le perçage, la menuiserie, l'ornementation et l'art de réaliser des moulures sur les façades badigeonnées de plâtre des maisons, sur les panneaux des portes et des fenêtres.

Mon père maîtrisait l'art des décorations et de ces sculptures réalisées sur les murs et les portes à l'ébauchoir et au marteau, c'est là qu'il était le meilleur. Peut-être est-ce à cette passion pour l'ornementation qu'il devait son nom d'usage : al-Naccache – « le Sculpteur ». Il m'a emmené avec lui travailler sur les chantiers de cinq maisons différentes, afin que j'apprenne auprès de lui l'exécution des pièces et leur pose.

La même semaine, j'ai fait la connaissance des propriétaires des échoppes voisines. La plus proche appartenait à Qassem, qu'on surnommait « le Fanfaron ». Il ne m'a même pas laissé le temps de m'enquérir de son fils Hussein, qui avait été mon camarade de jeu cinq ans plus tôt, tant il était prolixe sur les marchandises en vente dans sa petite boutique. Je l'ai entendu vanter les étoffes de laine et de soie qu'il avait importées d'Inde, d'Istanbul, de Perse et du Japon. Il se targuait de ne vendre que des produits de première qualité, depuis l'authentique miel de la région de Hadramaout jusqu'aux pâtisseries d'al-Mokha et de Haïs, en passant par la cannelle indienne, le café local, le raisin sec de Khawlan, ainsi qu'une myriade d'autres marchandises, certaines exposées à la vue de tous, d'autres dissimulées dans l'arrière-boutique.

Le propriétaire de l'échoppe suivante était aussi notre voisin de quartier. Il était tellement imbu de son travail de cordonnier qu'il donnait l'impression d'être le seul spécialiste de la fabrication et de la réparation des souliers à Rayda. Ses mains étaient toujours occupées par une chaussure. Lorsque quelqu'un l'interpellait, il refusait de lever la tête et de se détourner de sa tâche si on ne l'appelait pas « Assaad le Juif », alors que dans notre quartier, on l'appelait « Assaad » tout court.

Presque tous les jours, nous voyions passer devant nos magasins un cheikh à la longue barbe non taillée, qu'on dénommait Saleh le muezzin. On disait que c'était lui qui appelait à la prière, mais je ne l'avais jamais entendu, la mosquée étant située loin de notre ruelle. Cependant, j'avais déjà entendu parler de lui quelques années plus tôt. Mon père avait loué la beauté de sa voix et proclamé qu'elle réjouissait le cœur. Il en avait profité pour raconter de nouveau l'histoire du chanteur Haïm, qui avait refusé de quitter sa maison voisine de la mosquée pour aller s'installer dans le quartier juif, juste par amour pour la voix du muezzin. Il ne dormait qu'après l'avoir écouté psalmodier les incantations précédant la prière de l'aube.

« Quand est-ce que vous sortirez de la terre des Arabes ? » Telle est la première phrase que j'ai entendue du muezzin – il visait les Juifs, bien sûr. Quelques jours plus tard, il l'a répétée mais d'une autre façon : « Quand est-ce que vous allez enfin rentrer dans votre pays ? »

Mon père a eu l'air très gêné. « Et où irait-on ? Il est où, notre pays ? »

Le muezzin est resté coi un moment, comme s'il cherchait une réponse appropriée :

« Vous dites vous-même que votre pays, c'est Jérusalem… Eh bien vous n'avez qu'à y aller !

– Hum, a soupiré mon père.

– Ou même aller en enfer ! » a ajouté le muezzin.

Ces paroles ont semé le trouble et l'inquiétude dans l'esprit de mon père et d'Assaad. Pour peu que quelqu'un les interroge sur la patrie, sur le choix entre partir pour Jérusalem ou rester à Rayda, tous deux passaient la matinée à en discuter, et leur journée entière était gâchée.

Fatima n'était peut-être pas ma patrie, mais pour moi, elle en était un substitut. Je ne l'avais pas oubliée depuis notre séparation. Huit mois s'étaient déjà écoulés, et son souvenir restait gravé dans ma tête. Non seulement je pensais à elle tout le temps, mais je dialoguais avec elle, dans mes veilles comme dans mon sommeil. Elle occupait tous mes rêves. Dernièrement encore, je m'étais réveillé sur sa voix me soufflant à l'oreille: «M'aurais-tu oubliée, mon beau Juif?» Je m'étais levé d'un bond en m'écriant: «Non... non... comment le pourrais-je?» Je n'ai pas répondu à ma mère quand elle s'est étonnée: «Mais qu'est-ce que tu dis? À qui parlais-tu?»

Ce même jour, quelques instants après notre arrivée, un homme est venu dans notre boutique, il était nu-pieds et sans sa *janbiya*[1], il ne portait qu'une longue tunique sans boutons. «Je viens de chez le mufti, on vous demande de passer pour réparer la *qamariya*, a-t-il déclaré. – Avec plaisir, a répliqué mon père, à votre service; nous sommes vos dévoués.»

D'habitude, on répondait à ce genre de formule par «Sois remercié pour tes efforts...» ou bien «Ta serviabilité t'honore», mais l'homme n'a rien dit, il semblait impatient de repartir.

Quand il s'est confirmé qu'il ne recevrait pas de réponse, mon père a ajouté: «Leurs désirs sont des ordres... nous sommes à leur disposition.» Le ton de sa voix indiquait clairement qu'il imputait ce manquement non au messager mais aux occupants de la maison du mufti, ceux qui l'avaient dépêché.

J'ai appris par mon père que ledit messager était boucher: «Ces gens-là ont un bon fond, mais ils sont aussi tranchants que les couteaux dont ils se servent pour couper la viande, d'ailleurs, ils sont tous devenus tranchants, pourtant ils sont aussi mortels que nous autres les Juifs, on est tous à la merci de la même guillotine qui menace de nous décapiter.»

---

1. Poignard d'apparat que les Yéménites arborent traditionnellement pour sortir.

J'ai eu envie de lui demander: «Et vous, les Juifs, vous n'êtes pas devenus tranchants comme eux?» mais je me suis abstenu, préférant me concentrer sur ce qui était plus important pour moi:

«C'est moi qui irai demain chez le mufti… maintenant je suis capable de réparer les *qamariya.*

– Non, non, le travail doit être impeccable, et toi tu es encore en phase d'apprentissage.»

J'ai insisté, déclarant que je maîtrisais par le menu toutes nos techniques, et que le plus facile dans tout ça, c'était la fabrication, la pose et la réparation des *qamariya.* J'ai dû lui citer maints exemples des travaux que j'avais conduits avec succès, tant et si bien qu'il a fini par se laisser convaincre.

Je suis passé chez moi pour revêtir des habits dignes de Fatima, pour le cas où il me serait donné de la rencontrer. «Où vas-tu donc comme ça?» m'a demandé ma mère. J'ai seulement dit: «À Jérusalem.» Si elle n'avait pas décelé mon sourire, elle aurait été capable de me croire sur parole.

Le mufti m'a ouvert la porte puis m'a emmené dans le *diwan,* au troisième étage. Il a retiré le morceau de tissu qui bouchait une brèche dans le vitrail de la *qamariya.*

«Pourriez-vous s'il vous plaît amender cela, puisse Dieu vous amender et vous guider sur le droit chemin?»

J'ai passé mes doigts sur l'ouverture. Elle était en forme d'étoile à six branches – l'étoile de David. «Eh bien, me suis-je dit, quelle pierre l'a fait voler en éclats ainsi, à moins qu'une tempête se soit déclarée et l'ait arrachée?»

J'ai voulu retourner au magasin pour rapporter les fournitures nécessaires à la réparation, mais comment allais-je pouvoir repartir alors que je n'avais même pas vu

Fatima ? Je cherchais un stratagème pour réussir à la voir, sachant qu'elle ne devait pas être très loin, à six pas de moi tout au plus. Finalement, une idée m'est venue. « Je me souviens, mon gentilhomme, que votre respectable fille avait un petit morceau d'ivoire, on pourrait l'utiliser pour colmater l'ouverture… c'est vraiment une belle pièce. – Je ne crois pas qu'elle ait ça, mais je vais aller lui demander », a-t-il répliqué avant de sortir du *diwan*.

J'ai observé les *qamariya*, intrigué par les étoiles à six branches qui les ornaient.

Les Juifs utilisaient ce motif dans toutes leurs *qamariya*, ils l'incrustaient sur les panneaux des portes et des fenêtres en bois, le sculptaient aux côtés des fleurs, des soleils et des croissants de lune sur les murs des chambres à coucher badigeonnés de peinture blanche. Généralement, les Musulmans n'étaient pas au fait des nombreuses significations que cette étoile revêtait pour les Juifs, ils pensaient que c'était juste un motif artistique adopté par les hommes de cette communauté, rien de plus.

J'ai capté les bribes d'une conversation échangée à la sortie du *diwan*. J'ai cru comprendre qu'il était question du morceau d'ivoire et de l'opportunité que Fatima vienne en personne s'enquérir de ce qui était demandé. Finalement, je l'ai vue apparaître.

« *Salâmu 'alaykum !* m'a-t-elle salué. Que disiez-vous donc, que Dieu vous garde. Vous vouliez savoir où était le morceau d'ivoire, c'est bien cela ? »

Fatima avait débité tout ça d'un trait, comme si elle n'avait pas le temps, à moins que son père ne lui ait dicté ce qu'elle devait dire et de quelle façon. Il n'était pas dans ses habitudes de se précipiter ainsi et de combiner dans une même phrase salutations, formules de bienvenue et prières adressées à l'Éternel pour qu'il me protège, ni d'expédier d'un seul coup deux sujets différents sans donner à chacun son dû. Chez elle, les salutations avaient leur beauté et les prières leur enchantement, elle savait trouver la formule appropriée à chaque registre.

« Effectivement, lui ai-je dit, je l'ai vu plusieurs fois au milieu de vos affaires, quand vous en sortiez le livre. » C'était la première fois que je la voyais enroulée dans unc longue *'abaya* de couleur, qui lui couvrait tout le corps, et affublée d'un voile qui ne laissait rien voir de son visage à l'exception de deux petites ouvertures pour les yeux.

« Si c'est ainsi, a-t-elle répliqué, venez avec moi, nous allons le chercher ensemble. » Puis elle s'est tournée vers son père : « Dieu vous garde, père, Salem est un enfant de cette maison, il y a été élevé… Vous n'avez rien à craindre. »

Puisant dans le réservoir des formules que j'avais souvent entendu dans la bouche de mon père, j'ai déclaré à l'intention du mufti : « Vous êtes notre maître, une couronne sur notre tête. »

Ces mots l'ont rassuré, du moins c'est ce qui m'a semblé. En tout cas, il n'est pas venu à notre suite dans la chambre de Fatima. Ses affaires étaient comme elles étaient naguère, éparpillées à travers la pièce, tout comme les livres disséminés sur les étagères de pierre, le rebord de la fenêtre, dans les recoins et à l'intérieur des couffins.

J'ai souri tout en l'observant attentivement. Ses yeux dansaient, peut-être à la joie de me revoir. « Écoute, a-t-elle murmuré, l'ivoire ne fait pas l'affaire, tu n'as qu'à revenir demain après-midi pour réparer la *qamariya*. En général, mon père est de bonne humeur à ce moment-là de la journée, il ne risque pas de se fâcher en te voyant. » Puis elle a fouillé dans un coffret en bois dont elle a sorti un petit morceau taillé dans une matière lisse, couleur crème, en forme de corne de taureau. «Voilà comment c'est, l'ivoire», s'est-elle contentée de dire.

Je me suis rendu compte que je ne savais même pas à quoi ressemblait l'ivoire, et qu'effectivement, ça ne convenait pas du tout pour réparer la fenêtre. En fait, le fragment auquel j'avais pensé était différent, il avait dû m'apparaître en rêve, produisant sur moi une impression si forte que j'étais convaincu de l'avoir vu dans la réalité.

J'ai pris congé du père de Fatima et lui ai promis de revenir le lendemain avec le matériel et les fournitures nécessaires à la réparation. Je n'ai pas demandé à Fatima de me laisser voir son visage, je n'ai pas osé. Je brûlais d'envie de me délecter de son sourire, que je pouvais seulement deviner sous le tissu, mais les circonstances ne lui permettaient pas de se montrer sans voile.

Je suis rentré pour me changer. Avant d'arriver au magasin et en passant devant l'échoppe d'Assaad, j'ai entendu la voix de Ghania, son épouse. Son chant me parvenait de derrière la porte, harmonieusement ponctué par les coups du balai qu'elle tenait à la main. Je me suis figé sur place, à l'écouter tandis qu'elle répétait plusieurs fois le refrain, au point que j'ai fini par en connaître les paroles par cœur:

La seconde épouse restera toujours une seconde épouse,
Elle a arraché mon mari à mes bras enlacés,
La seconde épouse restera toujours une seconde épouse,
Ah ce que je peux souffrir, ah ce que je peux endurer!
La seconde épouse restera toujours une seconde épouse,
Une salope dénuée d'intérêt mais je l'aurai.

Assaad avait pris une seconde épouse, prénommée Sawda. Ma mère m'a raconté son histoire; ses parents étaient tous deux décédés et elle était restée seule dans la demeure familiale. « Elle a deux frères qui se sont mariés avec des filles de Sanaa et sont partis s'installer là-bas. Assaad l'a épousée pour qu'elle lui donne des garçons, Ghania ne lui ayant laissé que quatre filles. Sawda a le même âge que sa fille Saba. »

J'avoue que Saba était à mes yeux le fantasme absolu de la femme. Fatima, pour moi, c'était l'âme et le corps réunis, elle combinait l'esprit et la séduction, le sentiment de sécurité et le souffle de la liberté. Chez Saba, au contraire, le corps dominait l'âme, c'était la féminité au carré, un charme conçu entièrement pour nourrir le désir charnel, mais rien de plus. Je me demandais, lorsque j'avais de mauvaises pensées pour Saba, si je trahissais Fatima. Il suffisait que je me remémore ses seins protubérants et ses fesses plantureuses pour que ma liqueur s'écoule entre mes cuisses.

Un jour que j'allais à mon cours chez le rabbin, elle s'est mise en travers de ma route avant de s'exclamer : « Pourquoi ne nous laissent-ils pas étudier avec vous, nous les filles ? » Puis elle a ajouté : « En rentrant, viens donc te joindre à nous, on joue à cache-cache. »

J'ignore pourquoi, mais j'ai décliné son invitation. Avais-je peur d'elle ? Ou était-ce le spectre de Fatima qui me hantait, de sorte que je ne me permettais pas de la délaisser pour une autre, fût-ce pour jouer ?

Le lendemain, j'ai préparé mes affaires afin de me rendre chez le mufti. Cette fois-ci, il n'est pas venu m'ouvrir, c'est son épouse qui m'a accueilli. Je l'ai tout de même aperçu, assis dans un coin du *diwan*. Après l'avoir salué, j'ai commencé à restaurer la *qamariya* à l'aide de plâtre et de verre.

Fatima est entrée, le visage voilé, et m'a offert une tasse de café. Son père semblait perturbé, soit qu'il fût surpris par sa subite intrusion, soit qu'il désapprouvât de la voir se montrer ainsi devant moi ; cependant, il n'a rien dit.

Ce qui n'était pas prévu, c'est que le mufti voulait sortir : « Fais vite, Dieu te garde, je dois rendre visite à mon cousin paternel al-Safiy ! »

Travailler vite signifiait l'échec de mes entreprises, le plan que j'avais échafaudé pour nous ménager un tête-à-tête durant lequel nous pourrions échanger des mots doux s'effondrait. En effet, je devrais quitter la maison au moment précis où son père partirait en visite puisqu'il ne nous laisserait plus seuls comme il le faisait auparavant, d'abord parce que j'étais un adulte à présent, ensuite parce que sa fille l'inquiétait beaucoup, particulièrement par son refus obstiné de se marier.

Celle-ci s'était enfoncée dans un profond silence pour réfléchir. Soudain, elle a dit : « S'il vous plaît, père ! Salem n'est pas un étranger… Vous pouvez aller faire votre visite sans crainte ; quant à lui, il continuera à travailler tranquillement, et le résultat n'en sera que meilleur. Et puis, ma mère est toujours présente à la maison… De toute façon, c'est Dieu le gardien des âmes. »

Il a accepté – je ne m'attendais pas à ce qu'il cède aussi facilement.

Après son départ, j'ai interpellé Fatima :

« Dis, s'il te plaît, je peux contempler la lune ?

– Il fait encore jour, a-t-elle répliqué, la lune ne se montrera que plus tard. Et si tu ne me crois pas, tu n'as qu'à venir te rendre compte par toi-même à la fenêtre.

– Je veux voir cette lune-ci… l'astre qui illumine cette pièce, tu comprends, pas la lune qui est dans le ciel. »

Elle s'est dirigée vers la porte, feignant de ne pas comprendre.

« Eh bien ma foi ! Alors comme ça, il y aurait deux lunes ?

– Non, ai-je rétorqué, il n'y a qu'une seule lune, et elle s'appelle Fatima. »

Elle a laissé échapper ce rire non dénué de coquetterie que j'avais tant désiré, puis a soulevé le voile pour découvrir son visage.

« Voilà, je te plais comme ça ? »

Elle ne faisait jamais rien qui fût en contradiction avec ses principes. Un jour que je lui demandais : « Pourquoi es-tu toujours si gaie ? », elle a répliqué : « Parce que j'ai la conviction que rien de ce que je fais n'est péché. Je n'agis jamais à l'encontre de ma raison ni de mes valeurs. »

J'ai reporté le travail à plus tard, afin de mieux la contempler et pouvoir prendre de ses nouvelles.

« Tu me connais, mon beau Juif, je ne mens pas. Quand j'ai insisté auprès de mon père sur la nécessité de réparer la brèche dans la *qamariya*, je ne cherchais nullement un prétexte pour te rencontrer. Rappelle-toi le propos d'ibn Hazm dans *Le Collier de la colombe*. Il s'y disait prêt à pardonner aux autres n'importe quel péché, aussi grave soit-il, sauf le mensonge. »

Au bout d'un silence, durant lequel elle m'a fixé attentivement, elle a ajouté : « Je me languissais tellement de toi que cela m'a donné des yeux pour voir. La brèche était là depuis longtemps, recouverte d'un morceau de tissu, mais je ne l'ai remarquée que quand mon désir de te voir s'est fait plus ardent. »

Elle m'a informé des nouveaux prétendants qui avaient demandé sa main, de la manière dont elle les avait éconduits, et aussi des livres qu'elle avait lus au cours des derniers mois. De mon côté, je lui ai parlé de la mort de mon frère, de mon travail auprès de mon père, de Saleh le muezzin, d'Assaad, mais surtout des heures que je passais à penser à elle et à ce qu'elle m'avait enseigné au sujet de la poésie arabe.

Quand sa mère, qui venait de se réveiller d'une longue sieste, est venue s'installer avec nous dans le *diwan*, je me suis soudainement rendu compte que j'étais très en retard. Il fallait que je me dépêche de terminer le travail.

Tandis que je partais de chez eux, elle m'a soufflé : « La prochaine fois, je te donnerai quelques livres en arabe. Et toi, tu me donneras des livres en hébreu. » Je me suis réjoui de cette proposition ; je n'avais plus désormais qu'un seul rêve : notre prochaine rencontre.

9

Des mois et quelques jours ont passé, durant lesquels j'ai appris à connaître Haïm de plus près. J'avais entendu ses chansons, je l'avais croisé ici et là, mais je ne lui avais encore jamais parlé.

Il était à la fois le plus célèbre ivrogne de Rayda et le plus célèbre chanteur du bourg et des environs. « Sa célébrité s'est étendue jusqu'à Sanaa, le mont Sabr et 'Aden », avait dit mon père à son propos.

Un matin que Haïm s'approchait de nous, mon père avait déclaré :

« Depuis trente ans que je le connais, je ne l'ai jamais vu autrement qu'ivre.

– Il a beaucoup vieilli, a renchéri Assaad, pourtant il n'a passé la cinquantaine que de deux ou trois ans. »

Haïm nous a gratifiés d'une chanson en hébreu.

Voici que le matin éclaire de ses lueurs,
Les jeunes hommes beaux et vigoureux,
Ceux qui mettent la joie dans le cœur,
Sans jamais se dire malheureux.

Notre voisin Qassem Abou Hussein est sorti de son magasin, attiré par la voix. Haïm a chanté de nouveau la chanson sur la même mélodie, mais cette fois en arabe.

Puis il a jeté un regard circulaire sur l'assistance, les passants et les voisins qui s'étaient massés autour de lui, avant de demander : « Eh bien, comment vont les gens ? » C'était sa manière à lui de saluer, la phrase qui avait fait sa célébrité.

Les spectateurs lui ont rendu son salut, mais ils se sont rapidement dispersés en le voyant ouvrir sa besace de cuir et en sortir une fiasque de vin, dont il a bu plusieurs gorgées.

« Il procède ainsi après chaque chanson », a précisé Assaad.

Haïm s'est tourné vers moi, puis vers mon père :

« C'est ton fils ? s'est-il exclamé. Pas possible !

– Oui c'est mon fils... Il a vraiment une belle voix – si seulement tu l'entendais ! Mais je ne veux pas qu'il devienne chanteur.

– Et pourquoi pas ? » s'est étonné Haïm.

Sa question n'a pas reçu de réponse. Peut-être mon père était-il rebuté par l'exemple du chanteur ivre qu'il avait devant lui, mais il ne voulait pas le dire. S'il savait que j'avais une belle voix, c'était uniquement pour m'avoir entendu psalmodier les prières et les incantations.

Fatima aussi savait que j'étais doué pour le chant, de même que ma mère ; quant à mon frère, il avait toujours refusé d'écouter des chansons arabes, et ce jusqu'à sa mort.

Haïm m'a scruté intensément, ses yeux semblaient me dire : « Chante. »

« Voulez-vous que je vous fasse entendre de l'art juif ou de l'art arabe ? »

Il s'est ressaisi instantanément, comme si j'avais dissipé d'un coup son ébriété :

« Écoute-moi bien, il n'y a pas d'un côté l'art juif, de l'autre l'art arabe, il n'y a que l'art tout court. Ce qui est de l'art et ce qui n'en est pas. »

Quelle chanson allais-je bien pouvoir choisir? J'étais tiraillé, plusieurs mélodies défilaient dans ma tête, mais pour cette première fois où il m'entendrait chanter, je voulais vraiment l'épater. Finalement, j'ai commencé à chanter:

Mon esprit, hélas, n'est que confusion…
Quand j'ai vu son ombre passer devant moi,
Mon existence a été écrasée,
Et mes os ont été broyés,
Sous l'effet de son charme exténuant.
Soyez indulgent pour mon état
Dites-lui qu'un an de sa compagnie me suffira.
Je vous en conjure: ayez pitié de mon cœur embrasé
Elle l'a emporté avec elle, et ne me l'a jamais rendu,
Ma dulcinée est issue du peuple de Muhammad
Si je pouvais l'approcher, je vivrais dans la félicité.
Si je meurs ô gens d'Allah absolvez-moi,
Et à ses côtés enterrez-moi,
Et puis de vos salutations gratifiez-moi.
Les salutations sont acte de charité
Pour ce pauvre Juif qui est amoureux
Comme peuvent l'être toutes les créatures ici-bas.

Haïm semblait entièrement en proie à l'ivresse du chant. Il a bondi de sa place pour me baiser le sommet du crâne et le visage. « Que le ciel te garde cette bouche magnifique ! » s'est-il exclamé en écrasant ses lèvres sur les miennes, j'ai senti le goût du vin dans le filet de salive qui coulait de sa bouche et dans les humeurs qui exsudaient de sa peau. Depuis ce jour-là, je n'ai jamais plus pensé à lui qu'incarné dans une fiasque de vin d'où sortaient le chant, la poésie et la joie.

« De qui donc sont ces vers ? » m'a-t-il demandé. J'ai rougi, conscient que les paroles étaient plutôt osées, d'autant plus qu'Assaad n'en avait pas manqué un mot. Le seul fait de côtoyer les Musulmans le contrariait, alors qu'en serait-il si l'amoureux juif, non content de cette proximité, se mettait en tête de faire la cour à leurs filles et de s'embraser pour elles ? Mon père n'avait pas la même haine, loin de là : il n'y avait plus dans son cœur la moindre détestation pour les Musulmans depuis la visite de Fatima chez nous.

Soudain, je me suis rappelé le nom du poète mystique Salem al-Shabizi[1], je savais qu'il jouissait de l'admiration partagée des Musulmans et des Juifs.

« C'est un poème d'al-Shabizi.

– Sûrement pas, a-t-il rétorqué. Je connais tous ses poèmes, même ceux qu'il vient d'écrire il y a quelques jours. » Son intonation disait assez qu'il n'était pas dupe. Sans me laisser plus longtemps dans l'embarras, il a ajouté : « Le poème est de toi, petit diable. Alors tu voulais me cacher ça ? Poète et artiste, qu'y a-t-il de plus beau ? »

J'ai ri pour couper court à la discussion. Haïm a déclaré qu'un grand avenir m'attendait dans la poésie et le chant, et que rien ni personne ne pourrait m'en empêcher, pas même mon père. Il m'a parlé des voix de chaque chanteur, de la spécificité de chaque timbre. Mais l'irruption de Saleh le muezzin l'a interrompu. À peine arrivé,

1. Poète (1620-1719) qui occupe une place très importante dans l'histoire de la poésie du Yémen. Il a composé des poèmes en arabe et en hébreu et était également rabbin.

ce dernier a posé sa question habituelle: «Alors, quand quittez-vous le pays des Arabes?»

Assaad s'est tourné vers lui sans dire un mot, mais sa colère était suffisamment perceptible pour que le muezzin s'en aperçoive.

«Oui parfaitement, a renchéri celui-ci en haussant le ton, partez de nos terres, sinon on vous jettera à la mer.»

Très excité, il agitait les mains et roulait des yeux. «La mer, nulle part ailleurs... On vous y jettera!»

Cette fois, Assaad a laissé éclater sa colère:

«Pourquoi voudriez-vous nous jeter à la mer?... Nous allons retourner chez nous, à Jérusalem!

– Quoi, Jérusalem... Qu'est-ce que tu racontes? Al-Qods n'est pas à vos ancêtres, elle appartient aux Musulmans!» a répondu le muezzin d'une voix étranglée, allant encore plus loin que la fois précédente, lorsqu'il avait déclaré que les Juifs devaient partir soit pour Jérusalem, soit en enfer.

«Écoute-moi, le ciel t'accorde sa protection!» a répliqué Assaad en baissant la voix – il tentait apparemment d'apaiser la discorde qui menaçait d'éclater. «Tu sais bien que Jérusalem est la ville d'Abraham, de David et de Salomon, c'est là qu'était le mont du Temple, qui a été détruit par Nabuchodonosor puis reconstruit. L'Éternel en a fait don aux enfants d'Israël, son peuple sacré, élu parmi tous les peuples de la Terre. C'est inscrit dans la Torah.»

Le muezzin lui a coupé la parole.

«Non, pas si vite, vous avez déformé la Torah que Dieu avait envoyée à Moïse. Al-Qods est l'une des deux *qibla* vers lesquelles les Musulmans se tournent pour prier. C'est de là que le prophète Muhammad – sur lui le salut –

a été élevé jusqu'au ciel. Il est le Sceau des prophètes et l'apôtre de l'islam, la religion vraie. Al-Qods abrite la mosquée al-Aqsa, le troisième lieu saint de l'islam, et puis le dôme du Rocher, le minaret d'Abraham, l'oratoire de Jibril, celui de Kheidr, que Dieu vous maudisse tous, que la malédiction de Dieu s'abatte sur vous ! »

Assaad essayait de se dominer, mais il n'a pas réussi à se taire : « Et les Juifs, ils viennent d'où, d'après toi ? Ce n'est pas l'Éternel qui les a créés ? Toi qui es un érudit, tu es bien placé pour connaître l'histoire des Juifs avec Jacob, Moïse, Aaron et Joshua, et puis ce qui leur est arrivé en Égypte, et avec les rois d'Assyrie et Babylone et… »

Haïm s'est raclé la gorge comme s'il se préparait à chanter. Avant même qu'il termine la première syllabe *al-H…* – « L'am… » –, sûrement une chanson d'amour, le muezzin lui a crié au visage. « Tais-toi donc, que la malédiction de Dieu s'abatte sur toi. » Puis il s'est tourné vers Assaad, en rage, comme si la perspective d'entendre une chanson dédiée à l'amour avait décuplé sa colère. « Tout ce que tu dis est faux, ce sont des mensonges. Il ne s'agit que de fables anciennes, comme l'a bien précisé Dieu dans le saint Coran. »

Haïm s'est assombri, voyant que ses efforts pour apaiser par le chant cette querelle enflammée étaient vains. J'ai essayé d'intervenir, de les amadouer moi aussi par le truchement de la parole, mais mon chant était d'un tout autre genre.

Lorsque Moïse dit à son peuple : « Ô, mon peuple.
Souvenez-vous de la grâce de Dieu à votre égard,
quand il a suscité parmi vous des prophètes ;
quand il a suscité pour vous des rois.
Il vous a accordé ce qu'il n'avait donné

à nul autre parmi les mondes.
Ô mon peuple. Entrez dans la Terre sainte
[que Dieu vous a destinée;
évitez de retourner sur vos pas,
car vous vous retrouverez ayant tout perdu. »
Ils dirent: « Ô Moïse.
Un peuple d'hommes très forts réside en ce pays.
Nous n'y entrerons pas
tant qu'ils n'en seront pas sortis.
S'ils en sortent, nous y entrerons. »
Deux hommes d'entre eux qui craignaient Dieu,
et auxquels Dieu avait accordé sa faveur, dirent:
« Franchissez les frontières,
vous vaincrez, dès que vous serez entrés.
Confiez-vous à Dieu, si vous êtes croyants. »
Ils dirent: « Ô Moïse.
Nous n'y entrerons certainement pas,
tant qu'ils seront là.
Mets-toi en marche, toi et ton Seigneur;
combattez tous deux;
quant à nous, nous restons ici. »
Moïse dit: « Mon Seigneur.
Je n'ai de pouvoir que sur moi-même et mon frère.
Éloigne de nous ce peuple pervers. »
Il dit: « Ce pays leur est interdit
Quarante ans
Ils erreront sur la terre.
Ne te tourmente donc pas pour ce peuple pervers. »

« Voilà ce que dit le Coran, c'est dans la sourate "La table servie" », a ponctué le muezzin qui n'avait eu d'autre choix que d'écouter en silence tandis que les versets retentissaient, scandés par ma voix dans un style dont il n'avait pas l'habitude. Même notre voisin, Qassem Abou Hussein, a tenu à me féliciter: «Quel bienfait de Dieu! Allah te bénisse… et te garde ta voix!»

Haïm a exprimé également son admiration. On peut dire qu'il était capable d'aimer une voix en faisant abstraction de son auteur. C'est d'ailleurs ce qui lui permettait d'admirer la voix de Saleh le muezzin. Il s'est calmé après m'avoir écouté, puis a murmuré: «Un Juif qui psalmodie le Coran, comment est-ce possible?

– Attention, a objecté Assaad, il faut bien comprendre le Coran. Le texte dit bien que l'Éternel a dédié la Terre sainte au peuple de Moïse, et Il ne leur en a interdit l'entrée que pour quarante ans, durant cette période ils étaient condamnés à errer sur la Terre, comme châtiment pour avoir refusé de combattre les hommes forts qui l'occupaient auparavant.

– Ça, c'est ton interprétation sournoise du Coran», a répliqué le muezzin.

Cependant, Assaad ne s'est pas démonté.

«Dans ce cas, s'est-il exclamé, tu n'as qu'à m'en donner une autre, si tu en as une. Voilà trente ans que j'étudie ce que les Musulmans disent au sujet de ces sourates dans les recueils de glose et les livres d'histoire. Bien sûr, il y a des divergences d'interprétation sur ce que recouvre exactement cette "Terre sainte" que l'Éternel a promise aux fils d'Israël pour en faire leur demeure. Selon Qutada, c'est le Levant tout entier. Selon Mujahid, c'est Tyr et ses environs. Pour ibn 'Abbas, al-Sadi, 'Akramah et Salamah ibn Yazid, c'est Jéricho. Pour al-Zujjaj et al-Kalbi, c'est Damas, la Palestine et une partie de la Jordanie. Selon al-Dahhak, c'est Elia – l'un des anciens noms arabes de Jérusalem. Si je mentionne ces noms, c'est parce qu'il s'agit de penseurs musulmans dont les citations sont reprises dans les sommes de Thaalabi et d'autres penseurs. Alors, vas-tu encore me dire que c'est une interprétation juive ? Ces types-là sont-ils des Juifs ou des Musulmans ? D'ailleurs, oublie même ça, et donne-moi ta propre interprétation, puisque pour toi tout est clair. Sinon, réfère-toi aux livres d'histoire, mieux, contente-toi de l'auteur enterré ici, à Rayda, ibn al-Haïq al-Hamadani qui, dans *La Couronne*[1], a parlé de ces territoires – al-Qods ou encore Elia, ainsi que la Syrie – et de leurs habitants. »

J'étais stupéfait par ses propos. Je ne pensais pas qu'il comprendrait ce que j'avais voulu dire en récitant ces versets, pis, j'ignorais qu'il eût la moindre connaissance du Coran et des ouvrages du patrimoine arabe. Il avait toujours marqué sa désapprobation en me voyant lire ces livres.

« Écoute, a finalement répliqué le muezzin, j'admets que ces interprétations figurent dans les livres de glose, on a même soutenu que l'interdiction faite aux tribus d'Israël de pénétrer en Terre sainte pendant quarante ans, pas plus, n'était pas en contradiction avec ce que le Seigneur avait déclaré plus haut, à savoir que la Terre promise vous est dévolue : ça pouvait vouloir dire que cette Terre était promise à ceux qui resteraient juifs à l'expiration de la période. On a également soutenu que l'interdiction ne s'appliquait qu'à ceux qui avaient refusé d'y entrer. Tout ça, je suis d'accord, mais attends un peu... »

1. *Al-Iklîl*, célèbre encyclopédie historique écrite par ce géographe, poète, grammairien, historien et philosophe arabe, auteur d'une œuvre considérable ; il vécut à Sanna et mourut à Rayda (893-945).

On devinait qu'il se préparait à asséner un argument décisif. Après un temps de silence, il a repris :

« Écoute, que Dieu te mette sur le droit chemin. Dieu a dit : "Ce pays leur est interdit pendant quarante ans ils erreront sur la terre." En réalité, ce "pendant quarante ans" est un complément de temps qui s'applique non à l'interdiction mais à l'action d'errer sur la terre. Donc, l'interdiction est permanente, absolue, et la seule chose qui est temporaire, c'est l'errance, et en langage soutenu, "errance" signifie "perdition". T'as compris ou... ? »

Mais alors, les Juifs n'ont-ils pas de patrie ? À part la mer, où ils n'ont plus qu'à se noyer ? Voilà ce que je me demandais avec inquiétude, alors que les paroles du muezzin s'insinuaient en moi.

Assaad, dont je découvrais peu à peu des facettes inédites, a senti mon désarroi. « Allons, m'a-t-il dit, te laisse pas impressionner par son bavardage, non seulement les Juifs vont vivre à Jérusalem, mais ils vont dominer la terre entière. Quand le Messie rédempteur apparaîtra, on sera les caïds, à Jérusalem... » Puis il a soupiré et ajouté : « Celui qui s'assiéra sur le trône à Jérusalem, ce sera un Juif, un vrai Juif fils de Juifs, et personne d'autre. Et là, il ordonnera la destruction de tous les ennemis... Telle est la volonté de l'Éternel. »

Et Fatima, elle en ferait partie, des ennemis ? J'aurais voulu lui poser la question mais je n'ai pas osé. Je suis parti après lui avoir fait comprendre que je n'étais pas dupe de ses sous-entendus, pourtant des questions graves n'ont cessé de m'agiter, surtout alors que je rentrais tard d'une soirée chez Haïm, ou plutôt dans sa caverne comme il l'appelait.

Ce n'était pas la première fois que je lui rendais visite dans son antre, où il vivait seul, sans la moindre famille.

Depuis que je le connaissais, j'étais allé plusieurs fois l'écouter chanter et partager son vin. Mon père n'appréciait pas beaucoup que je prenne part à ces soirées; prétextant que j'étais encore trop jeune pour boire de l'alcool, il m'enjoignait continuellement de cesser de le fréquenter.

Lors d'une de ces occasions – c'était un soir de printemps –, Haïm m'avait parlé de la fondation de Jérusalem et de son histoire, comment elle était passée successivement sous la férule des Assyriens, des Babyloniens, des Perses, des Romains, comment certains de ses hauts lieux étaient sanctifiés par plusieurs religions, notamment le christianisme, et quel regard les Juifs et les Musulmans portaient sur elle.

Mais revenons à cette nuit: il n'arrêtait pas de pleuvoir et j'étais resté tard chez lui. En arrivant dans notre quartier, j'ai remarqué sur mon passage une maison en ruines. Malgré cette vision insolite, j'ai continué d'avancer tout en me disant que j'avais trop bu et que je m'étais trompé de chemin, mais après avoir repris mes esprits et être arrivé en vue de mon domicile, j'ai su que j'avais emprunté le bon chemin. En ouvrant, ma mère a dit:

«L'inondation a complètement détruit la maison d'Assaad, sa femme et ses quatre filles ont trouvé refuge chez nous; quant à lui, il s'est rendu chez sa deuxième femme.

– Saba est ici, chez nous?» ai-je répliqué spontanément, mais aussitôt, je me suis rendu compte que ma réaction risquait de passer pour de l'indifférence à l'égard de cette tragédie. Il n'empêche, j'étais content que Saba soit chez nous – à moins que ce ne fût seulement l'effet du vin.

J'ai tenté de me rattraper : « Ah ! Quelle catastrophe !... La maison a été entièrement ravagée. Enfin, l'essentiel est qu'elles n'aient pas été blessées et qu'elles soient toutes saines et sauves.

– Sa femme est blessée à la tête, et sa jambe gauche s'est fracturée sous l'éboulement. Les filles, elles, ont toutes des blessures à la tête, aux mains et aux jambes. Leur père était absent au moment du drame. »

L'épouse et ses quatre filles étaient regroupées dans une même chambre, dont j'ai entrouvert doucement la porte. « Laisse-les se reposer, a dit ma mère. Elles dorment, elles sont très fatiguées. »

Juste à ce moment-là, la voix de Saba nous est parvenue : « Oui, ma tante... qu'y a-t-il ? »

Ma mère s'apprêtait à répondre que ce n'était rien, mais j'ai pris les devants en pénétrant dans la pièce :

« Je te souhaite santé et rétablissement, puisses-tu être préservée de tout mal.

– À toi aussi, je te souhaite le meilleur... c'est l'Éternel qui décrète, Lui qui protège et qui sauve », a répondu Saba en se redressant sur sa couche.

À côté d'elle, sur un grand tapis, étaient étendues ses trois sœurs, ainsi que sa mère qui était plongée dans un profond sommeil. Sa sœur Nachwa n'arrêtait pas de s'agiter, mais elle ne s'est pas réveillée. Peut-être revivait-elle la catastrophe dans ses cauchemars. Quant à Sahar et Warda, âgées de six et quatre ans à peine, elles dormaient dans des positions différentes : la première en travers de la couche, la tête posée sur la cuisse de sa mère et ses pieds sur son aînée Nachwa, la seconde étendue tête-bêche le long des autres. Toutes étaient blessées et avaient des bandages à la tête.

« Tu n'as besoin de rien ? m'a demandé ma mère. Ton père dort… Quant à toi, tu peux dormir dans le vestibule, il y a du pain dans la corbeille si tu as faim.

– Dans le vestibule ? Mais je vais avoir peur tout seul ! ai-je répliqué en riant.

– Et tu voudrais te mettre où, alors ? Il n'y a plus de place dans les chambres, sauf si tu veux dormir avec nous, entre ton père et moi. »

Je lui ai fait un clin d'œil : « Comment ça, avec vous ? Je ne veux pas vous déranger quand vous faites vos affaires ; si j'ai trop peur, je dormirai ici, près de la porte.

– Bon, tu les déranges pas, hein ? » a-t-elle répété.

Cette fois, c'est Saba qui a répondu :

« Y a pas de dérangement, ma tante, c'est plutôt nous qui vous causons du désagrément.

– Oh petite mère, qu'est-ce que tu racontes ? Dis pas des choses pareilles ! Vous pouvez vous installer dans la prunelle de nos yeux. Aujourd'hui le malheur est chez vous, mais demain il sera chez nous… C'est le ciel qui pourvoit à notre salut ! Bon, je vais me recoucher. »

Avant de partir, elle s'est tournée vers moi.

« Et toi… tu te débrouilles, compris ?

– T'en fais pas, j'ai répondu, t'en fais pas. »

J'ai désigné le lit où Saba était assise. « Hé… mais c'est mon lit, ça ! » J'ai ri et elle a ri aussi. Soudain, il m'est venu à l'esprit que ma blague était déplacée, qu'après une aussi terrible catastrophe, les gens avaient besoin de compassion et de consolation, et non de mon ironie que l'effet du vin devait rendre encore plus cynique.

Je l'ai saisie par son bras enserré dans des bandages.

« Aïe ! a-t-elle crié, la fracture est là. Mais c'est surtout ma tête qui me fait mal, elle a beaucoup saigné. »

J'ai touché son bras, bouleversé, et me suis mis à embrasser ses doigts. Je la trouvais terriblement séduisante, plus resplendissante encore que dans mon souvenir.

D'après ma mère, Nachwa était de quatre ans mon aînée. Elle avait un beau visage, de grands yeux, cependant, elle était connue pour être nerveuse et intransigeante. Elle était assez maigre, et il n'y avait presque rien dans son bustier. Saba, elle, qui n'avait que deux ans de plus que moi, était tout le contraire : sa beauté ne transparaissait pas immédiatement, mais la féminité débordait de son corps potelé. Dans sa robe imprimée, ses seins semblaient comme deux oiseaux se débattant pour s'échapper de leur cage et s'envoler. J'aurais voulu les toucher pour m'assurer qu'ils n'avaient subi aucun mal.

J'ai pris sa tête entre mes mains pour examiner la blessure. J'ignore pourquoi, mais, au même moment, j'ai ressenti pour elle une forte attirance. Visiblement, la blessure était profonde et douloureuse, car elle a commencé à gémir tout en penchant la tête vers moi pour mieux me la montrer.

J'ai passé mon bras autour de son cou et lui ai baisé le front en répétant : « Que l'Éternel te garde de la douleur… Ta santé compte plus que tout. » Puis j'ai enfoncé mon nez non loin de la blessure, l'odeur du sang séché est montée à mes narines. J'ai étendu ma jambe à côté d'elle et l'ai attirée contre ma cuisse, puis j'ai passé mes doigts dans ses cheveux. Sa tête était toute cabossée. « Aïe… aïe ! » a-t-elle crié plusieurs fois.

J'ai compris qu'il était important que je la console. J'ai fait glisser la paume de ma main le long de son visage, puis lui ai massé le cou. Elle ondulait au rythme de ma caresse, tout en se rapprochant toujours plus près de moi, jusqu'au point où ses seins m'ont frôlé. Lui pressant le bras, je l'ai attirée brutalement à moi, et sa poitrine s'est écrasée contre mon torse, après quoi j'ai soudain éclaté en sanglots, sans savoir pourquoi je pleurais ni pourquoi mes pleurs avaient jailli précisément à cet instant.

J'ai passé ma main dans son dos et l'ai pressée vigoureusement contre moi. C'était la première fois que j'étreignais une femme de cette manière et avec une telle passion. Elle m'a encouragé à m'allonger près d'elle: «Allons, repose-toi... Essaie de te détendre.» Mais mes sanglots n'ont pas cessé, même s'ils étaient plus étouffés. Une fois mon corps étendu près d'elle, elle l'a rapproché du sien, puis a refermé ses cuisses autour de mes jambes, appuyant sur celles-ci de tout son poids. De sa main gauche, elle me poussait dans le dos pour me presser contre elle, tandis que de l'autre elle attirait puissamment ma tête en direction de sa poitrine.

À force d'être à la fois poussé, plaqué et attiré par elle, j'ai senti mes pleurs refluer et mes gémissements se sont faits moins bruyants.

En reprenant conscience au matin, j'étais étendu près de la porte, non loin de Saba. Je me suis souvenu péniblement de ce qui s'était passé la nuit dernière jusqu'au moment où elle m'avait attiré à elle, après quoi j'avais basculé dans un abîme d'ivresse dont je m'étais réveillé comme si j'émergeais d'un autre monde.

Pendant que je me préparais pour aller au travail, j'ai entendu Assaad, accouru chez nous tôt le matin pour voir sa famille. Il parlait d'une voix forte: «Parole d'honneur, si j'apprends un jour que tu fréquentes le fils du muezzin, je te tue. Tu crois que je vais vous regarder faire? Et le jour où il va te demander en mariage, tu comptes t'en sortir comment ?! »

Sa femme a dû lui rappeler qu'ils n'étaient pas chez eux, car bien vite il a baissé la voix. Je n'entendais plus ce qu'il disait dans la chambre où il s'était isolé avec sa famille.

Je ne savais pas laquelle de ses filles était tombée amoureuse du fils du muezzin, mais mon instinct me disait que ce devait être Saba – c'était elle la plus passionnée, la plus attachée à la vie.

Je n'ai véritablement compris l'étendue de la catastrophe qui avait frappé cette famille qu'en repassant devant leur maison. À la lumière du jour, il était clair qu'elle avait été entièrement détruite.

Assaad, qui m'a rejoint sur le chemin quelques secondes plus tard, avait l'air accablé ; il me parlait sur un ton bien différent de celui dont il avait usé avec sa fille : « On peut pas construire des maisons sur des bases solides, car ils ne nous autorisent que des maisons d'un ou deux étages au maximum, et encore, à condition qu'elles ne surplombent pas les leurs... Que peut-on faire dans ces conditions ? Quand c'est pas les inondations qui les sapent par la base, ce sont les pluies, les vents ou la tempête qui les abattent par le haut. »

Il ne m'a pas laissé le temps de réclamer plus d'explications. Avant de me quitter, il a ajouté : « Ces maisons ne sont pas à nous, à quoi bon s'en occuper, elles sont aux vents qui les emportent quand bon leur semble, et nous avec si ça leur chante. »

Quand je suis arrivé au magasin, il y avait une jeune femme assise devant la porte. Je l'ai reconnue tout de suite, car aucun voile ne dissimulait son visage. « Nafha la coiffeuse, a dit mon père, elle t'apporte une lettre de chez le mufti, elle n'a voulu la remettre à personne d'autre que toi. »

J'ai tendu la main pour prendre la lettre. « La maison du mufti vous demande de lire cela, a dit Nafha. Répondez-y et moi je repasserai pour leur transmettre votre réponse. »

J'ai tressailli en découvrant au dos de la lettre soigneusement pliée une belle écriture en hébreu. Aussitôt que j'ai déchiffré les premiers mots « À mon beau Juif... », j'ai su que ça venait d'elle. Je tremblais à l'idée d'avoir en main une lettre de Fatima. « Ce sont des manuscrits originaux en hébreu, ai-je déclaré à l'intention de mon père, je les avais oubliés chez eux du temps de mes leçons avec elle... Je vais aller les mettre à l'abri à la maison pour éviter qu'ils ne se salissent. » Comme il avait aperçu de loin les caractères hébreux, mon explication l'a convaincu.

En m'éloignant du magasin, j'ai découvert que la lettre était écrite d'abord en hébreu puis en arabe. Je n'ai pas pu attendre d'arriver à la maison et j'ai commencé à lire en marchant :

« À mon beau Juif,

« Au nom d'Allah le Miséricordieux, bénédiction et salut sur tous les prophètes et les messagers, sur les hommes de bien et sur leurs bienfaits. Qu'Allah vous protège de l'égarement, qu'Il vous console de la désolation qu'on ressent envers les êtres aimés, qu'Il guide vos pas dans la voie de la bonté et qu'Il ouvre votre cœur et votre esprit aux espérances.

« Face au poison cruel de la séparation, l'ouverture du cœur et le dialogue avec l'être aimé sont le seul antidote : “L'amoureux ne trouve le salut que dans l'évocation de son bien-aimé.”

« Pour cette raison je commence ma lettre en demandant des nouvelles de vous et de votre santé et en vous souhaitant de bonnes fêtes, les nôtres comme les vôtres. Je prie Allah pour vous, pour tous les Juifs et tous les Musulmans, pour les tenants de toutes les religions, pour les adeptes de toutes les croyances, ainsi que pour ceux qui n'ont pas de religion. Que les jours à venir s'écoulent dans la paix et dans la joie.

« Pour en venir à l'objet de ma missive, je vous saurais gré de venir chez nous redessiner le motif sculpté dans le mur de notre *diwan*; les fourmis, aspirant à rejoindre leurs anciennes demeures, ont en effet cherché à se faufiler à travers les minuscules ouvertures qu'elles y avaient naguère aménagées. Comme celles-ci étaient bouchées, elles ont été obligées d'emprunter de nouvelles voies, et se sont trouvé de nouveaux emplacements qu'elles ont cru bon d'adopter comme nid de leur paisible existence. Ce faisant, elles ont brouillé le motif, d'où mon idée de vous mander afin que vous veniez le redessiner.

« Par conséquent, si vous vouliez bien nous écrire, par l'intermédiaire de cette femme envers qui nous sommes redevables, pour nous indiquer le jour où vous nous honorerez de votre éclatante présence et de votre immense générosité, nous serions avisés de la date ; ainsi pourrions-nous vous réserver un accueil à la mesure de notre joie de vous retrouver et de notre affection pour vous, qui est bien connue et n'a nul besoin d'être plus avant explicitée.

« Pour finir, puissent la paix et la tranquillité vous accompagner partout, je vous les souhaite de toutes les manières possibles et à chaque instant de mon sommeil et de ma veille, dans mes moments de lucidité comme dans mes rêves. »

En arrivant à la maison, j'avais déjà relu quatre fois – peut-être même davantage – la lettre dans sa version arabe, et aussi une fois en hébreu. Ne voulant pas m'en séparer, je l'ai enveloppée dans un chiffon de soie que j'ai refermé à l'aide d'une cordelette prélevée sur un ancien sarouel de ma mère, puis j'ai attaché le tout autour de ma taille, sous mes habits.

Neuf mois déjà avaient passé depuis la dernière fois que nous nous étions vus, mais désormais, les jours s'égrenaient sans que j'arrive à penser à rien d'autre qu'à cette lettre, à ses mots, à ses multiples significations. Dès que j'en avais l'occasion, que ce soit à la maison, au magasin ou dans la rue, je la sortais de sa cachette et la relisais. Chacun des mots, chacun des caractères était gravé dans mon esprit, mais je ne trouvais de repos qu'en les relisant dans son écriture à elle.

Je ne me préoccupais même plus des conversations de plus en plus enflammées qui opposaient le muezzin et Assaad, car la lettre de Fatima absorbait tout mon temps et toutes mes pensées. Chaque fois que les mots me revenaient, qu'ils soient dits de vive voix, chuchotés, ou récités sourdement, je sentais leur écho résonner puissamment dans ma tête. Les termes bienveillants dont elle avait usé pour évoquer les fourmis m'ont rappelé qu'à ses yeux, attenter à la vie de tout être, aussi infime soit-il, était péché. Fatima avait parlé de redessiner le motif et non de le réparer, ce qui aurait sous-entendu que les fourmis avaient commis une faute, alors qu'elles étaient des créatures innocentes. La volonté de paix de Fatima était partout, même dans son langage. Et moi, il ne m'était demandé d'accomplir ce travail que parce que les fourmis avaient changé d'itinéraire et de demeures, lors de leur traversée du motif en question, où elles n'avaient fait que séjourner avant de repartir vers d'autres horizons.

J'étais complètement égaré, ses mots m'avaient conduit aux abords de la folie. Elle m'avait rendu à la vie, une vie qui désormais ne serait belle qu'en compagnie de tous les autres êtres de la Création, y compris les fourmis.

Je commençais à craindre que mon cerveau en perpétuelle ébullition ne finisse par exploser, que ma raison me quitte ou que je perde pied sans retour sous l'effet de la fatigue intense, quand un terrible événement est venu m'arracher à cette spirale infernale.

La nouvelle a rapidement été sur toutes les lèvres, et les détails du drame ressassés dans toutes les conversations. Qassem, le fils du Hajj Saleh le muezzin, venait d'être retrouvé mort sous un arbre de la vallée, avec à ses côtés le corps sans vie de Nachwa, la fille d'Assaad.

« Ils se sont suicidés parce que leurs parents ne voulaient pas entendre parler de leur mariage. » Telle fut la première interprétation qu'on donna un peu partout à leur acte désespéré.

Pour ma part, je refusais de croire qu'il pût s'agir de Nachwa, je ne cessais d'affirmer que c'était Saba. Je n'ai accepté d'en démordre que lorsque j'ai aperçu celle-ci pleurer sa défunte sœur devant leur maison, qu'ils avaient reconstruite avec l'aide des jeunes du quartier juif.

Les déclarations les plus fantaisistes avaient cours : on affirmait que les amoureux avaient succombé à un tour de sorcellerie de Cham'oun le magicien, appelé à la rescousse par un voisin qui ne supportait plus les querelles quotidiennes entre Assaad et Saleh le muezzin.

On prétendait aussi qu'ils avaient choisi de se suicider parce que leur liaison était sur le point d'être révélée au grand jour et qu'ils redoutaient de subir le châtiment des amants adultères[1].

On évoquait leur relation, depuis le jour où ils avaient échangé des parfums et des essences de jasmin jusqu'à celui où s'étaient mêlées leurs chairs et leurs sueurs.

En dépit de la gravité de ce qui s'était passé, on ne se privait pas de colporter des ragots au sujet d'une autre relation intime, celle qui unissait Saba à 'Ali, frère de Qassem et donc fils du même muezzin.

---

1. En islam, on qualifie d'adultère toute relation sexuelle avec une personne n'ayant pas le statut de conjoint.

10

Sept mois s'étaient écoulés depuis que j'avais reçu la lettre de Fatima. J'y avais répondu le jour même, pensant que la coiffeuse reviendrait la prendre le lendemain, mais elle était restée tout ce temps sans se montrer.

Deux jours avant qu'elle revienne enfin, je l'avais entièrement réécrite, je la trouvais trop sentimentale, et puis quelques caractères avaient été effacés par les gouttes de ma sueur qui avaient traversé la gangue de soie.

Je l'avais rédigée en arabe, bien entendu – cette langue que j'aimais tant:

« C'est par ton nom que je veux commencer et par lui que je finirai.

« Recevoir cette lettre de vous, reine de beauté et de perfection, vous la plus achevée des créatures humaines, m'a enchanté. J'ai ressenti la joie de l'amant éperdu qui soudain hume l'odeur du paradis, un parfum de basilic. J'ai de la gratitude pour vos tendres doigts qui ont formé ces mots consacrés à l'amour et à la paix, et ont répandu sur le monde des gouttes de compassion et d'indulgence.

« Merci à votre dieu pour avoir puisé dans sa miséricorde pour nous donner votre nom, et avoir insufflé en vous nombre de ses qualités afin que vous en reteniez une si belle part.

« Sans les signes que vous nous avez adressés en nous enjoignant de nous cramponner à notre liberté, sans doute nous serions-nous retrouvé entre vos mains, entièrement soumis à votre emprise, contraint d'obéir à votre volonté, incapable d'aller nulle part que dans votre direction. Nous ne connaissions rien de l'amour – et de l'être aimé ! – que votre amour, rien de la tendresse – et de l'être tendre ! – que votre tendresse, rien de l'absolution – et de l'absoluteur ! – que votre absolution, rien de la paix et de l'apaisement que vos mots, rien de l'islam que votre croyance, rien du Très-Haut que vous, vous en personne.

« Et en ce qui concerne la faveur que vous me faites en me priant de venir restaurer la netteté du motif ornant votre noble *diwan*, je la place au-dessus de ma tête et donnerais mes yeux pour en être digne. Je viendrai chez vous le vendredi suivant le jour où vous recevrez ma lettre.

« Que le Tout-Puissant vous garde votre force et comble vos exigences, et puis qu'Il éteigne le feu qui m'embrase, en m'accordant de jouir de votre proximité et de bénéficier de votre bienveillance.

« Pour finir, veuillez recevoir les plus belles salutations de votre Juif qui ne dort plus sous l'effet de la flamme et de la passion. »

Bien sûr, je n'avais pas l'éloquence de Fatima, je n'étais qu'un Juif fils de Juif, et sans elle, jamais je n'aurais pu apprendre l'arabe.

Le jour prévu, j'y suis allé. À l'instant précis où je levais la main pour frapper à la porte, elle m'a ouvert. Comme si elle avait épié le bruit de mes pas depuis le moment où je m'étais mis en route pour me rendre chez elle. Ces pas dont je me rendais compte qu'ils n'avançaient plus que dans une seule voie – la sienne –, quand bien même ils semblaient parfois partir dans d'autres directions.

Voir pleinement son visage m'a ravi, d'autant qu'elle arborait un beau sourire et qu'une timidité charmante avait fait monter le rose à ses joues.

«Alors comme ça, a-t-elle dit, "c'est par ton nom que je veux commencer"... ? Merci en tout cas ! »

Elle avait bien lu «ton nom» et non «votre nom»[1], et, au moment de reproduire l'expression, s'était contentée d'en sourire, sans laisser paraître en rien qu'elle fût fâchée contre moi pour cette violation des convenances.

Elle m'a invité à pénétrer dans le *diwan*, usant de sa formule habituelle : «Entrez donc, vous êtes le bienvenu... » Puis elle est montée avertir de ma venue : «Père... père ! Salem le Juif est arrivé. »

Je suis resté dans la partie basse de la pièce, tous mes espoirs concentrés dans un vœu unique. «Si seulement je pouvais passer toute ma vie à pleurer devant elle ! » étais-je en train de me dire quand son visage a surgi de nouveau.

«Mon père est profondément endormi. Il ne dort jamais à cette heure, mais aujourd'hui il est fatigué, il faut dire que ce matin il est parti visiter ses trois sœurs dans leurs foyers respectifs ; le temps que vous finissiez le travail, il se réveillera pour vous remettre votre rétribution.

– Était-il au courant que je venais ?

– Je lui ai demandé la permission avant de vous écrire. Je lui ai dit que j'enverrais Nafha vous demander de venir rendre leur netteté aux moulures, et il ne s'y est pas opposé. Hier, quand je l'ai averti que vous viendriez aujourd'hui, il a répliqué que vous étiez le bienvenu et que vous étiez ici chez vous. Mais dites-moi... »

---

1. En arabe, « votre nom» (*ismikum*) et « ton nom» (*ismiki*) ne diffèrent que d'une lettre.

Au lieu de terminer sa phrase, elle s'est tournée vers moi et m'a fait les gros yeux, pour que je voie bien qu'elle était fâchée contre moi.

« Mais dites-moi… quoi ?

– Comment avez-vous pu rester tout ce temps sans répondre à ma lettre… M'aurais-tu oubliée mon beau Juif ? » Mais ses derniers mots semblaient trahir plus de reproche qu'elle n'en éprouvait en réalité.

« Comment peux-tu contrarier une femme telle que Fatima ? » me suis-je reproché silencieusement avant de répliquer :

« Je vous ai écrit ma réponse le jour même… mais Nafha n'est pas repassée la prendre comme elle l'avait promis, elle n'est venue que mardi dernier.

– Comment ? Se peut-il qu'elle ait menti ? Elle m'a d'abord assuré qu'elle était passée et ne vous avait pas trouvé au magasin ; puis, la fois suivante, que vous l'aviez congédiée ; la troisième fois, que vous n'aviez aucune réponse pour moi.

– Allons, ai-je répliqué, me croyez-vous capable de proférer une chose pareille ?

– C'est aussi ce que j'ai pensé, mais je n'arrivais pas à croire que Nafha puisse avoir menti à ce point. »

Je lui ai remis les deux ouvrages que je lui avais apportés dans le cadre de notre accord d'échange de livres : le premier de Yehuda ben Suleiman Cohen, en hébreu, était consacré à la philosophie d'ibn Rochd – Averroès – et s'intitulait *L'Exigence de sagesse* ; quant au second, c'était *Soleils et lumières*, un recueil du poète al-Shabizi, également en hébreu. De son côté, elle m'a offert un assortiment de livres qu'elle avait rangés soigneusement au fond d'un sac.

Elle a pointé les nouvelles fissures creusées par les fourmis. Je me suis employé à reformer la moulure. L'opération était facile et ne nécessitait qu'un peu de plâtre pour reboucher les trous et redonner au cadre sa forme originale, avec ses lignes droites et ses arabesques. Mais pour ce qui est du motif lui-même, qui ressemblait un peu à un noyau de pêche, j'ai eu plus de mal, du fait de la finesse des traits entrecroisés, déployés en longueur autant qu'en largeur.

« Qu'est-ce que ça représente ? me suis-je enquis. Un talisman censé protéger les habitants de la maison contre les démons et les sorciers ?

– Je ne sais pas. Il remonte à l'époque de mon grand-père. »

Une fois ma tâche achevée, je me suis senti gratifié par la satisfaction du travail bien fait, au point que je n'avais plus guère besoin de la rétribution que le mufti me donnerait pour ma peine.

De retour chez moi, j'ai trouvé dans le sac que Fatima m'avait remis quatre ouvrages. J'en ai entamé deux en même temps : la *Correspondance* d'Abou Bakr al-Razi, et un second, sans nom d'auteur, intitulé *Les Plus Remarquables Transes des poètes juifs dignes de confiance,* qui rassemblait des biographies et des œuvres de poètes juifs ayant écrit en arabe, depuis l'ère préislamique jusqu'à l'époque abbasside.

11

Dans les jours qui ont suivi nos retrouvailles, des événements nombreux et marquants se sont produits devant mes yeux et à portée de mes oreilles, mais ils glissaient sur moi, et bien peu d'entre eux laissaient une trace dans ma mémoire : Fatima m'avait transporté dans un état de bonheur immaculé.

Mon attachement au judaïsme passait désormais par les poèmes d'al-Shabizi, par les chansons d'amour et les récits contenus dans les psaumes et l'Ancien Testament, par les Juifs dont je voyais bien que j'étais l'un des leurs, par Haïm et les chanteurs qui se produisaient dans les fêtes – Chamaa, son mari al-Jaradi et sa fille. Il arrivait à cette dernière de chanter, mais plus que le chant, c'est à la danse qu'elle s'adonnait aussitôt que l'occasion lui en était donnée. On disait qu'elle dansait même dans son sommeil. Cette phrase-là – « Elle danse en dormant » – surgissait spontanément dès que les gens l'apercevaient, y compris si elle était en route pour des funérailles, voire dans la maison du défunt. « Elle danse en dormant », disait-on à son voisin ou se chuchotait-on à soi-même, comme si c'était devenu son nom – en fait, personne ne se rappelait qu'elle eût jamais été désignée autrement.

Depuis le dramatique suicide commun de son fils Qassem et de Nachwa, on ne voyait plus le muezzin passer devant notre magasin. Et Assaad avait sombré dans le mutisme. Son sort était désormais indissociable de celui du muezzin, d'ailleurs personne n'évoquait jamais l'un sans mentionner l'autre: «Le drame leur a courbé la tête à tous deux», disait-on. Cette formule était désormais utilisée pour décrire leur état, au milieu des récits qui se multipliaient et des rumeurs qui s'enchaînaient sans fin au sujet des suicidés, à tel point qu'on pouvait entendre au même moment une thèse et son contraire.

Toutefois, cette situation n'a pas perduré; à peine quelques mois s'étaient-ils écoulés que la nouvelle de l'assassinat du magicien Cham'oun est tombée, devenant aussitôt le sujet de toutes les conversations entre les habitants du village, et même les personnes qui ne faisaient qu'y transiter.

Mon père m'a expliqué que Cham'oun était le magicien le plus connu de son temps, tant des Juifs que des Musulmans. Sa notoriété s'était bâtie plus de soixante ans auparavant, et bien qu'ayant dépassé les quatre-vingt-cinq ans, il n'avait jamais cessé d'exercer son art.

«Par la magie, il a séparé des amants et réconcilié les pires ennemis», a commenté ma mère, non sans accompagner sa remarque de ses jurons habituels, justifiés ou non.

Pour tout le monde il était évident que c'étaient le muezzin et Assaad qui l'avaient exécuté, convaincus qu'il avait poussé au suicide les deux amants en leur jetant des sorts. D'ailleurs les deux larrons ont finalement avoué le crime, pis, ils s'en sont vantés, voyant là le seul moyen d'échapper à leur affliction, et plus encore d'esquiver la honte terrible qui ne les quittait plus depuis l'annonce du suicide. Le déshonneur les avait réunis, comme jamais aucun sentiment n'avait réuni un Musulman et un Juif à Rayda.

Cela les avait incités à commettre un geste sans précédent – tuer celui qu'ils devaient tuer, sans guère se soucier de son origine, de sa religion ni de son âge. Peut-être est-ce pour cette raison qu'ils n'ont pas été poursuivis ni condamnés comme assassins.

Jusque-là, j'étais persuadé que s'aimer et boire de l'alcool ensemble étaient les principales occasions de rapprochement entre les Juifs et certains Musulmans, mais il m'a fallu en ajouter d'autres: se sentir exposés à un commun déshonneur, ou encore faire cause commune dans l'assassinat. Toutefois, cette conviction nouvellement acquise n'a pas tardé à être ébranlée à son tour…

Une semaine après l'assassinat de Cham'oun, les deux rivaux s'affrontaient de nouveau. Ce jour-là, un certain nombre de Musulmans ont investi le quartier juif, brisant les fûts de vin et d'alcool qu'ils trouvaient dans les maisons, y compris la nôtre. Les vapeurs de spiritueux ont embaumé l'atmosphère de Rayda, après avoir imbibé la terre et enivré les oiseaux; ceux-ci sont retombés dans le silence, tout comme Haïm qui a renoncé à chanter, ne trouvant plus de quoi remplir sa gourde ni alimenter son inspiration.

Les victimes ont insisté pour porter plainte contre les agresseurs auprès du représentant de l'imam. Par la voix d'Assaad, qu'ils avaient désigné comme mandataire, ils ont soutenu que leur perte était irréparable, car les vins objets du saccage, hérités de leurs aïeux, s'étaient bonifiés au cours des siècles. À telle enseigne qu'on leur en réclamait de Sanaa, de 'Aden, d'al-Mokha, et même de Jérusalem et d'Égypte.

Les briseurs de fûts n'ont pas accepté d'être incriminés. Par la voix du muezzin – de nouveau confronté chez le représentant de l'imam à son ancien rival –, ils se sont posés en victimes: «Les Juifs ont corrompu les Musulmans en leur vendant de l'alcool et du vin, surtout les jeunes.»

Assaad a rétorqué que les Juifs respectaient la loi qui leur interdisait de vendre de l'alcool à d'autres qu'à leurs coreligionnaires, avant d'ajouter:

«Des fois, on était quand même bien obligés: certains Musulmans venaient nous acheter de l'alcool ou même en exigeaient gratuitement. Si on refusait, ils détruisaient nos biens, et si on se plaignait, on n'échappait pas non plus à leur vandalisme, et c'était toujours leur version qui était prise en compte, même quand ils mentaient.»

L'échange d'arguments juridiques entre les mandataires des deux parties, que ce soit chez le représentant de l'imam ou chez le gouverneur, est devenu le principal sujet de controverse au sein des communautés juive et musulmane, au point qu'on en a oublié celle provoquée par l'assassinat du vieux magicien.

Le représentant de l'imam soutenait les Juifs dans leur plainte, la charia islamique exigeant d'indemniser ceux qui ont subi des dégâts. Après plusieurs correspondances entre d'une part le représentant local de l'imam et le gouverneur, d'autre part l'émir de Sanaa, le verdict est tombé: une indemnisation était accordée. Les Juifs s'en sont réjouis, même si la perte qu'ils avaient subie était, comme l'avait souligné Assaad, irréparable. Leur mandataire, lui, y a vu une victoire symbolique: «Le fait que nous ayons tenu bon sur nos droits, dans la limite de ce qui était raisonnable, et que nous nous soyons tous unis pour exiger l'indemnisation, voilà qui nous revigore et nous plonge dans une euphorie que nous n'aurions jamais ressentie même si nous avions bu le contenu entier des fûts d'alcool qui ont été renversés. »

L'histoire n'en est pas restée là, et s'est même conclue par un scandale inattendu : la liste des Musulmans qui fréquentaient le quartier juif ou y envoyaient des messagers pour acheter de l'alcool a été diffusée. Comme il s'agissait de notables du village, l'affaire a fait grand bruit. Certains ont murmuré qu'en révélant ces noms les Juifs avaient voulu se venger des buveurs musulmans, qui s'étaient tenus lâchement en retrait durant la bataille au lieu de les soutenir dans l'épreuve.

Pour autant, la révélation n'a pas provoqué de scandale, et on a eu l'impression que les choses étaient rapidement rentrées dans l'ordre. Alors que quatre mois et demi à peine s'étaient écoulés depuis l'incident du saccage des fûts de vin, j'ai commencé à trouver qu'il régnait dans le quartier juif un calme quelque peu anormal. De fait, il a commencé à se murmurer que trois Juives venues de Sanaa étaient arrivées dans le quartier, précédées de leur réputation. On racontait que là-bas, certains oulémas, qui les accusaient de pervertir les fils et les filles des Musulmans, les avaient menacées de mort si elles ne quittaient pas la ville sur-le-champ.

Elles exerçaient, disait-on, le métier de maquerelles : moyennant rétribution, elles permettaient à des femmes et des hommes musulmans de se rencontrer dans une maison spécialement aménagée pour la luxure, voire quelquefois au domicile même desdits Musulmans.

L'annonce de leur arrivée à Rayda a rapidement été sur toutes les lèvres, de sorte que les membres de la communauté musulmane, et tout particulièrement les jeunes, se sont mis à fréquenter le quartier juif pour tenter de les apercevoir ; on a même soutenu que certains étaient venus de très loin dans ce seul but.

Les rires qu'elles lançaient à tous ceux qui venaient les voir semblaient de nature à enflammer la jalousie des uns envers les autres et déclencher de nouvelles tensions entre les tenants des deux religions. Et de fait, c'est ce qui s'est produit.

Personne ne s'est étonné lorsque les altercations ont dégénéré en bagarres entre membres d'une même communauté, dès que l'un d'eux entreprenait d'éloigner ses camarades pour s'isoler avec l'une des trois femmes.

Apparemment, il y en avait une parmi elles qui avait le pouvoir de séduire n'importe quel homme au premier regard ; comme elle n'était pas farouche, coucher avec elle était à la portée de tous. Le problème était que ceux qui avaient obtenu cette faveur n'arrivaient pas à se contenter des quelques moments pendant lesquels ils avaient pu jouir de ses appas et assouvir leur plaisir. Ils se mettaient alors en tête de la demander en mariage, dans l'intention de l'avoir pour toujours à eux seuls, ce qui était – comme on a pu s'en rendre compte clairement par la suite – incompatible avec son appétit sexuel insatiable et ses convictions libertines.

La situation s'envenimait chaque jour davantage et beaucoup ont commencé à craindre une discorde aux conséquences imprévisibles.

C'est dans cette atmosphère tendue, au milieu des éclats de voix qui l'accompagnaient, que j'ai achevé les deux livres que j'avais entamés. J'hésitais encore sur le choix de ma prochaine lecture parmi les autres ouvrages offerts par Fatima – devais-je lire *L'Ultime Anthologie du patrimoine arabe*, d'al-Nueiry, ou bien les *Poèmes de l'amour ardent*, d'ibn Abou Hajla – quand j'ai soudain fait une découverte inattendue.

Tandis que je parcourais les tables des matières de chacun des deux livres et que j'en feuilletais les pages pour savoir lequel m'attirait davantage, j'ai trouvé dans les *Poèmes de l'amour ardent*, plus précisément au milieu du chapitre intitulé « Des messagers et de la correspondance, et des moyens d'instaurer une belle connivence », une lettre très joliment calligraphiée.

« À mon beau Juif... » La lettre était donc de Fatima ; elle ne m'en avait rien dit, ne m'avait jamais laissé entendre, même par une allusion voilée, qu'elle avait glissé cette lettre à mon intention entre les pages. J'ai rapidement fait le calcul : huit mois et six jours avaient déjà passé depuis qu'elle m'avait remis les livres, lors de ma dernière visite chez le mufti.

Je me suis prestement installé à l'écart pour la lire :

« Au beau Juif Salem al-Naccache,

« Puisse Allah te mettre au nombre de Ses favoris, rehausser ton prestige, combler tes besoins et réaliser tes espérances, et accomplir ton bonheur selon tes vœux.

« Même si nul n'est plus savant que Dieu, j'ai compté les jours et les années durant lesquels nous avions été réunis et qui sont aujourd'hui révolus. J'ai repensé au temps écoulé qui nous a envoyé son lot de catastrophes, d'avertissements adressés par l'Histoire et d'épreuves traversées par les hommes. Il m'est alors venu à l'esprit que dans quelques mois, mon beau Juif aura dix-huit ans, une étape où la personnalité finit de se constituer alors qu'on est au seuil de l'âge d'homme, et où l'esprit se décide à frayer un chemin original et à défier l'impossible. Cela posé, je m'en vais t'informer de la conclusion à laquelle ma réflexion m'a conduite, me laissant entrapercevoir la direction que je dois emprunter, guidée par ma volonté et mon destin.

« Sache – puisse Dieu t'accorder la santé – que je me donne à toi, librement et en toute connaissance de cause, afin que tu deviennes mon époux si tu y as agrément et si tu me fais parvenir un simple message disant: "J'ai consenti."

« Cette décision, je l'ai prise après avoir dûment étudié les préceptes de la charia islamique; à cette occasion, j'ai pu voir qu'il y avait d'innombrables controverses et désaccords entre oulémas sur la question. Mais la source sur laquelle j'ai finalement fondé ma décision, c'est l'opinion du noble imam Abou Hanifa, savant qui a réjoui mon cœur en décrétant que la femme adulte pouvait se marier par elle-même, sans représentant légal. Ma joie a encore redoublé à la lecture d'une fatwa délivrée par l'exégète méritant Abou'l-Maaref Bahaeddine al-Hassan ibn 'Abdallah. Par cette fatwa, reproduite dans les *Permissions explicites*, il autorise la femme musulmane à se marier avec un Juif ou un Chrétien.

« Une fois ressortie de cette lecture, mon opinion était faite: j'étais déterminée à m'aligner sur ladite fatwa, et j'ai formé ma résolution d'agir à la satisfaction d'Allah et conformément à Ses attributs – n'est-il pas le dieu qui nous a créés tous autant que nous sommes: Musulmans, Juifs, Chrétiens, Zoroastriens, Hindous et infidèles?

« Donc, je me donne – moi qui fus créée par Dieu – à une autre créature de Dieu. Oui, mon beau Juif, à toi! Je te donne mon plaisir et mon corps, et je te propose de sceller notre proximité en fusionnant mon plaisir avec ton plaisir, mon corps avec ton corps. Si tu consens à m'accorder ta proximité, et si je trouve grâce à tes yeux, ne reste pas sourd plus longtemps à l'appel de mon désir. Organise donc notre fuite hors de ce village dont les habitants voient d'un mauvais œil notre rapprochement et interdisent notre union. Puissions-nous parvenir au plus loin qu'il est donné aux voyageurs d'atteindre !

« J'attendrai ta réponse dans les jours à venir, fais-la-moi parvenir par tout moyen que tu jugeras approprié.

« Pour finir, je te souhaite de continuer à jouir de l'amour de tous et de la paix de l'esprit. »

Ah ! Tout ce temps qui s'était écoulé, et elle qui attendait la réponse « dans les jours à venir » ! Que pouvais-je faire ? Quel était l'oiseau miraculeux qui allait me transporter jusqu'à elle en l'espace d'un battement de cils, afin que je puisse lui crier : « J'ai consenti ! J'ai consenti ! J'ai consenti ! »

J'ai rédigé une lettre dans ce sens, où je la priais de m'excuser pour la réponse tardive, due au temps que j'avais mis à découvrir l'emplacement de sa missive. J'ai conclu en lui annonçant que je passerais le vendredi suivant lui rendre visite.

Mais incapable d'attendre aussi longtemps, je me suis mis en tête de retrouver Nafha coûte que coûte. J'ai erré dans les rues à sa recherche, perdu, rongé par le doute. Finalement, tombant par hasard sur deux fêtes de mariage, organisées dans des maisons voisines, j'ai proposé aux maîtres des lieux mes services de chanteur. J'espérais l'y rencontrer, les coiffeuses étant souvent sollicitées en de telles occasions. De fait, j'ai fini par l'apercevoir, quelques secondes seulement avant le moment où je devais monter sur scène. En temps normal, ma timidité m'empêche de chanter dans ces fêtes de mariage noires de monde ; je n'arrive à surmonter mon trac qu'en avalant quelques gorgées d'alcool. Je me suis éclipsé pour lui parler à l'écart…

Après mon entrevue avec Nafha, mon trac avait disparu ; sans elle, je n'aurais jamais réussi à affronter une assistance aussi nombreuse.

Je me préparais désormais à rencontrer Fatima, selon le rendez-vous que je lui avais fixé, mais les jours me réservaient une surprise qui m'a empêché de réaliser ce rêve : ma mère est morte, sans que j'aie rien vu venir. Elle était tombée malade seulement deux jours auparavant, et au matin du troisième jour, elle emportait ses douleurs avec elle et quittait ce monde.

Je ne pouvais aller chez Nafha pour la prévenir, mais je me suis dit que Fatima, connaissant le drame que je vivais, me pardonnerait ma défection.

Les cérémonies de condoléances m'étaient pénibles mais il aurait été inconcevable que je n'y assiste pas, car cela aurait été interprété comme un manquement à mes devoirs filiaux. J'aurais plutôt eu envie de chanter, seulement chanter. Ah ! Si seulement Haïm pouvait boire jusqu'à l'ivresse et venir nous bercer de son chant, en faisant fi de nos si ennuyeuses traditions !

Durant les sept jours de condoléances, il s'est murmuré que Saba, la fille de notre voisin Assaad, avait pris la fuite avec 'Ali, le fils du muezzin. Comme d'habitude, l'histoire de cette fuite était entourée de racontars et de rumeurs. On a dit qu'ils s'étaient liés à la même époque que les deux suicidés, Nachwa et Qassem. En ce temps-là, ils se contentaient de correspondre et d'échanger des cadeaux, puis graduellement ils s'étaient fixé des rendez-vous, choisissant minutieusement leurs lieux de rencontre. Ils avaient pris exemple sur leurs aînés, sans toutefois pousser l'imitation jusqu'à les suivre dans le suicide. D'après leurs amis proches – filles et garçons –, ils avaient pris la fuite pour punir leurs parents de s'être opposés au mariage de Nachwa et Qassem.

Juste après les funérailles, je devais de nouveau assister à une fête de mariage – jc connaissais le neveu du jeune marié. Il arrivait de Sanaa pour se marier à l'une des trois Juives qui avaient emprunté le même itinéraire avant lui. Ce n'était pas la plus belle, celle qui fascinait tant les hommes de Rayda et leur avait fait perdre la tête, mais l'une de ses deux compagnes.

Durant la fête, le jeune marié a parlé de son travail à la chambre de fabrication des monnaies à Sanaa. Il a expliqué qu'il avait hérité ce métier de deux de ses aïeux, qui avaient vécu à 'Aden avant de s'installer à Sanaa pour exercer cette profession.

Rétrospectivement ce mariage est apparu comme ayant sauvé la vie de la jeune épouse, car seulement deux jours plus tard, Juifs et Musulmans s'alliaient pour exiger le châtiment des deux autres Juives adultères, lesquelles furent lapidées à mort.

J'étais perplexe devant la détermination de la plus belle, pour qui tant d'hommes s'étaient battus, et qui s'était adonnée à la luxure tout en refusant obstinément de se marier. Tous ceux qui la connaissaient avaient toujours pensé qu'elle préférerait être lapidée à mort en châtiment d'une vie dissolue que d'être assujettie à l'emprise d'un mari, et c'est ce qui s'est produit.

Des jeunes des deux religions avaient demandé à être lapidés avec elle, mais leurs requêtes n'avaient pas été acceptées. Consternés par sa condamnation, ils avaient proclamé qu'eux aussi étaient coupables d'adultère et que, de ce fait, ils méritaient d'être châtiés en même temps qu'elle. Cependant, il était vite apparu qu'ils clamaient cela davantage par amour pour la condamnée qu'en application d'une quelconque règle religieuse – la preuve, certains n'avaient jamais eu aucune relation avec elle et étaient néanmoins prêts à se sacrifier pour goûter l'honneur d'être lapidés à ses côtés.

Voir ainsi s'éteindre cette merveilleuse beauté était un supplice tant pour les jeunes Juifs que pour les jeunes Musulmans : après s'être déchirés pour ses beaux yeux, on a pu les voir plusieurs jours de suite la pleurer côte à côte.

Dans l'atmosphère étrange laissée par ces événements, j'ai choisi de me ressaisir après le chagrin que m'avait causé la perte de ma mère, et j'ai multiplié les tentatives pour arriver jusqu'à Fatima. Toutefois mon père a fait obstacle à la réalisation de ce désir, lui qui d'ordinaire était pourtant assez permissif avec moi.

Je lui en ai beaucoup voulu, mais quelque temps plus tard, lui aussi est mort subitement sans que nous ayons pu vraiment nous parler. Qui sait, peut-être aurions-nous pu nous réconcilier ?

Tout comme ma mère avant lui, il avait attrapé une maladie contagieuse, du moins si l'on en croyait al-Karram, qui au village faisait office de médecin et connaissait bien les différentes formes d'affections et leurs traitements. Plusieurs semaines avant que mes parents ne me quittent, me laissant tout seul aussi bien dans la grande maison vide que dans le magasin encombré de sacs de plâtre, j'avais remarqué l'apparition de boutons sur leur visage, et même sur leur corps quand il m'était donné de l'apercevoir.

Les boutons étaient accompagnés d'inflammations et de rougeurs. Plusieurs autres habitants du village avaient souffert des mêmes symptômes peu avant de mourir, ce qui faisait dire au rabbin que la multiplication des maladies et l'augmentation du nombre de décès était un châtiment divin consécutif à la propagation de l'adultère.

Peu avant, j'avais découvert par hasard – en surprenant une conversation à voix basse entre Assaad et lui – que mon père était tombé amoureux d'une des Juives de Sanaa. Ce n'était pas la femme fatale, celle qui séduisait tant les hommes, mais l'autre, qui avait été exécutée avec elle le même jour.

Les condoléances ne dissipaient en rien mon sentiment de perte. Je me suis senti orphelin, tout comme lors des disparitions de ma mère et de mon frère. J'étais sans famille à présent, réduit à la solitude : désormais mon seul espoir avait pour nom Fatima…

12

J'étais excédé par les gens autour de moi et ne supportais plus ma vie. Peut-être en raison de ce malaise, ou sous le coup d'une audace que je ne me connaissais pas, je me suis retrouvé un jour, sans l'avoir en rien prémédité, devant la maison du mufti.

« Mon père n'est pas là, a déclaré Fatima après m'avoir ouvert, je ne peux pas te laisser entrer. Il n'y a que ma mère et moi ici.

– Allons, n'es-tu pas devenue ma femme, comment ne pourrais-je pas entrer ? »

Elle a souri comme une fille à qui on annoncerait soudainement qu'elle va se fiancer avec l'élu de son cœur ; après un moment de gêne, elle a lancé : « Tu as raison après tout. Allez entre, tu es le bienvenu. »

Avant d'entrer dans le *diwan* où elle s'apprêtait à m'introduire, je me suis confié à elle :

« Je suis sans père ni mère à présent.

– Que dis-tu ?

– Ma mère est décédée la veille du jour où nous avions rendez-vous, et un mois et demi plus tard mon père l'a rejointe. »

En sentant le timbre de tristesse dans ma voix, elle a eu un sursaut douloureux. De mon côté, j'ai éclaté en sanglots.

J'ignore pourquoi, mais à cet instant plus qu'à aucun autre auparavant, je me sentais perdu et orphelin. Je n'avais jamais pleuré ouvertement, mais devant elle cela ne me gênait pas, j'avais le sentiment d'avoir trouvé celle qui pouvait m'écouter. Elle a attiré ma tête contre sa poitrine, essayant de m'apaiser tout en essuyant mes larmes. Je la sentais plus proche, plus intime qu'avant. N'était-elle pas devenue ma femme, du jour où elle s'était donnée à moi et où j'avais consenti ?

Elle est allée prévenir sa mère du décès de mes parents ; quand son père est arrivé, elle s'est servie de la funeste nouvelle comme excuse pour m'avoir laissé entrer dans la maison en son absence.

Ses parents me sont apparus comme deux branches distantes sur un arbre vieilli, seule la brise insufflée par la présence de leur fille les rapprochait. J'en ai parlé à Fatima, avant d'ajouter :

« Comment va-t-on laisser ces deux branches à leur sort ?

– Ne t'en fais pas… l'essentiel est que nous organisions notre départ de ce village, j'en ai assez de rester ici loin de toi. On ira n'importe où… N'importe où, où nous pourrons être ensemble. »

J'ai surmonté mon chagrin pour acquiescer d'un hochement de tête.

« Vendredi prochain, a-t-elle poursuivi, viens avant les premières lueurs du jour. On partira à l'aube, quand les gens dorment, ainsi ils ne se douteront de rien. »

J'ai eu fort à faire durant le peu de temps qui restait : j'ai bradé notre maison et toutes les affaires qui s'y trouvaient, ainsi que le magasin. Je ne possédais plus rien excepté des souvenirs.

13

À peine nous étions-nous un peu éloignés de Rayda que Fatima est subitement descendue de son âne, me demandant de prendre sa place. Quand je le lui avais amené, tôt ce matin-là, elle avait hésité à l'enfourcher, et j'avais dû insister grandement avant qu'elle finisse par céder.

«Je n'aurais jamais accepté, m'a-t-elle expliqué, si je n'avais une envie folle de monter enfin sur un âne. J'en ai rêvé quand j'avais dix ans, même plus jeune encore, mais ma mère m'a grondé: "Une fille sur un âne ou un cheval, ce n'est pas convenable, me disait-elle, seuls les hommes peuvent faire ça."

– Nous les Juifs, on n'est pas non plus autorisés à monter les chevaux; on peut monter un âne, mais à condition de ne pas passer devant un Musulman assis. Le vendeur de l'âne ne m'a remis l'animal hier soir qu'après m'avoir répété plusieurs fois cette condition, comme s'il voulait que je me le tienne définitivement pour dit.»

J'ai essayé de la convaincre de remonter en selle, ou au moins d'y poser ses deux couffins et que nous marchions à côté de l'âne, mais elle a insisté pour que ce soit moi qui le monte.

Je me sentais comme dans un rêve. Jamais je n'avais imaginé me déplacer à dos de monture en présence d'une personne de la communauté musulmane, or non seulement je le faisais, mais encore avec son plein et entier consentement. Mieux que ça, la personne en question était devenue ma femme ! Mes espérances les plus folles étaient comblées, et même au-delà.

« On se croirait dans un rêve, ai-je murmuré. Qui aurait pu croire que nous partirions ensemble un jour ?

– Et qui pourrait croire, a-t-elle répliqué, que la vie, malgré son côté bien réel, se résume à courir après un rêve qui nous fuit ? »

Elle a marqué une pause avant de reprendre :

« Il y a cinq ans, je pensais que quiconque n'a aucun rêve ferait mieux de se suicider, mais maintenant, je ne pense plus ça. Vivre est déjà bien suffisant, même quand les rêves se sont taris. La vie elle-même est un rêve qui nous est donné ; les rêveurs ne font ensuite qu'entretenir cette illusion pour qu'elle ne dépérisse pas.

– Je suis d'accord avec toi, la vie est un rêve, mais cesser de rêver, ça signifie garder éternellement la même vie, ne jamais se passionner pour un nouvel idéal, en sorte que la vie se mue bientôt de rêve en cauchemar. »

Coupant court à cette conversation, elle s'est tournée vers moi.

« Allez, maintenant fais-moi entendre ta voix…

– Justement, je pensais le faire tout en marchant.

– Mais ce serait injuste ! Tu voudrais me faire entendre ta voix alors que tes pieds se fatiguent à marcher ? Et moi je t'écouterais tranquillement installée sur le dos de mon âne ?

– Soit. Que veux-tu que je te fasse écouter ?

– Ce que tu veux, des chants, des psaumes, des actions de grâce, des incantations, des versets cantilés du saint Coran. »

Ma tête n'était emplie, tandis que nous cheminions dans la pénombre du petit matin, que des vocalises qui combinaient dans leurs mélodies le hululement mélancolique des oiseaux et les arabesques de la voix humaine alternant appels et gémissements :

Aaaaaah
Awaya
Alleiiiia
Aaaaaaa
Ahhhhhhawa
Aawwwww
Ouuuuuh !
Waiia !

Elle semblait danser en marchant. Parfois, j'avais même l'impression qu'elle essayait de voler. Voulant préserver sa bonne humeur, j'ai chanté en hébreu une des chansons de Haïm :

Voici que le matin éclaire de ses lueurs
Les jeunes hommes beaux et vigoureux,
Ceux qui mettent la joie dans le cœur,
Sans jamais se dire malheureux.

Fatima semblait une mélodie dans ma chanson. Quand on était avec elle, on avait l'impression de tutoyer le sommet des montagnes, et même de les survoler. J'ai chanté de nouveau la même chanson en arabe, en gardant la même mélodie, puis j'ai recommencé et recommencé encore.

Plus tard, je me suis aperçu que nous avions parcouru une longue distance tandis que je chevauchais l'âne, tantôt préoccupé par d'obsédantes angoisses, tantôt absorbé dans mon chant, alors que chez elle la fatigue avait atteint son paroxysme à force de marcher et de prêter l'oreille à mes divagations.

« Eh bien, qu'est-ce que tu as, continue à chanter !

– Je ne chanterai que si tu montes en selle, à force de marcher et d'écouter mes chansons, tu dois être fourbue. »

Là-dessus, je suis descendu de l'âne.

Elle a dit qu'elle savourait mon chant, et a proposé que nous nous asseyions un moment pour nous délasser.

« L'âne aussi est fatigué, a-t-elle ajouté, on doit le laisser se reposer. »

14

La conversation nous a aidés à ne pas trop penser à la fatigue du voyage. Ensuite, nous avons alterné : tantôt je marchais et elle montait l'âne, tantôt c'était l'inverse. À la mi-journée, nous nous sommes assis à l'ombre d'un arbre pour nous reposer et nous nourrir des vivres que Fatima avait apportés, du pain et du miel.

« Quel est le nom de cette bourgade ? a-t-elle demandé en pointant le doigt vers un groupe de maisons flanquant la colline qui nous faisait face.

– Je ne sais pas, une ville quelconque parmi les villes du Créateur.

– Si quelqu'un t'entend, a-t-elle répliqué en riant, et que le mot se transmet aux générations futures, elle va progressivement devenir une ville aussi sainte que Jérusalem, peut-être même plus encore : Jérusalem est la ville des prophètes et des apôtres, tandis que celle-ci sera rien moins que la ville du Créateur, Celui qui nous les a envoyés ! »

Je me suis assis tout près d'elle, elle a longuement étudié mon visage et s'est saisie des mèches qui bordaient mes tempes, les faisant rouler entre ses paumes : « Comme tu es beau avec tes papillotes ! »

Je l'ai attirée contre moi, déposant des baisers sur son visage, sa joue et son cou, ses genoux, la plante de ses pieds nus – elle s'était déchaussée pour les soulager. Elle m'a administré des baisers aux mêmes endroits et à d'autres encore.

« Sais-tu ce que j'ai dit à mon père et ma mère il y a six ans pour t'avoir auprès de moi aussi souvent que possible ? »

Elle a souri avant de poursuivre :

« Je leur ai dit que j'allais t'apprendre l'arabe pour t'attirer vers l'islam. Ils n'ont pas accepté facilement, j'ai dû leur citer le hadith de Muhammad – sur lui le salut : "L'humain naît à l'état de nature, ce sont ses parents qui font de lui un Juif ou un Chrétien." Mon père avait une interprétation différente, puisée dans ses lectures, et il n'était absolument pas convaincu par mon argument. Alors, j'ai mis en avant le fait que le hadith ne mentionnait pas les enfants des Musulmans, preuve qu'il s'adressait aux parents musulmans pour les inciter à diffuser l'islam auprès des enfants des Juifs, des Chrétiens et des mécréants, tant qu'ils étaient encore à l'état de nature.

– Mais était-il vraiment dans tes intentions que je devienne musulman ?

– À vrai dire je ne sais pas trop si c'est ton visage séducteur qui était derrière mon désir de te garder auprès de moi, ou bien le hadith du Prophète, ou encore les deux à la fois. »

Grâce à ses explications, j'ai percé l'énigme de l'indulgence de ses parents vis-à-vis de nos rencontres.

« Ton père et ta mère savaient-ils que tu comptais t'enfuir avec moi ? »

C'était une question plutôt osée, non dénuée de provocation, je ne sais pas comment j'avais pu la laisser m'échapper sans réfléchir, et je l'ai aussitôt regretté. Comme j'étais sur l'âne et qu'elle marchait devant moi, elle a dû faire demi-tour pour me regarder en face.

« M'enfuir ? ! »

Elle n'a pas ajouté un seul mot, et nous avons poursuivi notre route dans un profond silence, dont nous ne sommes plus ressortis jusqu'à notre arrivée dans un autre village, au terme d'une journée de voyage épuisante.

Nous nous sommes étendus sur la terrasse d'un entrepôt à grains, près d'une maison où nous avions été accueillis. J'ai repensé à notre expédition, nos difficultés pour arriver jusqu'ici, non sans nous être perdus à deux reprises, et aussi au fait que j'avais gâché son humeur en lui parlant de sa fuite avec moi. Dans son esprit, elle ne fuyait pas : elle avançait avec détermination sur la route qu'elle s'était tracée.

Nous avons discuté jusqu'à l'aube, évoquant nos souvenirs et les moments intimes que nous avions vécus, sans oublier de nourrir l'âne et de lui donner à boire. J'ai enfin appris d'elle pourquoi elle n'avait pas reçu mes lettres confiées à la coiffeuse.

« Nafha est tombée amoureuse d'un jeune bédouin, qui lui a dit qu'il l'aimait et qu'il l'épouserait. Il lui interdisait de se rendre au souk et de fréquenter les magasins, de peur qu'elle ne tape dans l'œil d'un autre qui la lui aurait soufflée. Aussi ne pouvait-elle plus transmettre les lettres ni prendre livraison des réponses, sauf les rares fois où elle parvenait à sortir à l'insu de son amoureux. J'ai dû lui tirer les vers du nez pour qu'elle m'avoue toute l'histoire. Aujourd'hui, elle vit dans l'affliction, car son bédouin, après avoir tiré d'elle ce qu'il voulait, lui a trouvé une remplaçante. D'ailleurs, il ne s'est pas contenté de rompre, il l'a humiliée en lui faisant comprendre qu'elle n'était qu'une misérable coiffeuse indigne de lui. »

Nous n'avons succombé au sommeil que peu après le lever du soleil, mais bien vite le bruit des habitants de la maison voisine nous a réveillés, alors nous avons décidé de poursuivre notre route sans faiblir.

Comme nous arrivions à la périphérie de Sanaa, je lui ai dit :

« Allons chez mon oncle, il a une grande maison, je leur dirai que je t'ai rencontrée à Jibla et que je t'ai épousée ; pour eux, tu es juive et tu t'appelles Chamaa.

– Dis-leur plutôt la vérité : tu m'as épousée à Rayda et ramenée de là-bas. Pour ce qui est de ma religion, personne ne posera la question : vu que je suis avec toi, ils vont penser que je suis de ta foi. D'ailleurs, je suis vraiment de ta foi, comme tu es de la mienne. Tu n'auras qu'à m'appeler Faytamah, ça ne sonne pas très différemment de Fatima, mais ça éveillera moins les soupçons. En plus, le sens est proche : Fatima c'est "celle qui sèvre un enfant", tandis que Faytamah, en hébreu, c'est le "mamelon", la "source du lait". Tu ne trouves pas que c'est un beau prénom ? »

J'ai acquiescé d'un hochement de tête, tout en me disant qu'un siècle ne me suffirait pas à explorer la personnalité de Fatima.

15

Cette année s'est écoulée dans une interminable succession d'événements : j'ai appris la nouvelle du décès de Haïm, mon mentor et modèle, et puis la grossesse de Fatima – ou plutôt Faytamah comme elle s'appelait à présent –, qui s'est révélée très éprouvante, la faisant souffrir le martyre durant plusieurs mois. Néanmoins, elle avait décidé de continuer à pratiquer les rites musulmans : elle priait toute seule dans notre chambre et jeûnait tout le mois du Ramadan. Les femmes juives qui la rencontraient l'assuraient qu'elle donnerait naissance à un garçon.

Durant la dernière phase de sa grossesse, elle a beaucoup maigri : elle refusait de s'alimenter et je me faisais beaucoup de souci pour elle.

J'avais repris le travail dès mon arrivée, aidant mon oncle dans sa boutique dédiée à la fabrication des *qamariya.*

La femme de mon oncle n'était pas très patiente avec Fatima, et j'ai vite eu l'impression qu'elle ne cessait de l'importuner. Ma bien-aimée ne m'en avait rien dit, mais je sentais que son état de faiblesse était dû au mauvais accueil de cette femme.

Il restait encore un mois avant l'heureux événement. Nous l'avions tellement espéré que nous n'y croyions plus ; et pourtant, il est bien arrivé, et même plus tôt que prévu.

Ce matin-là, avant d'aller au travail, je l'avais entendue gémir et se plaindre plus qu'à l'accoutumée. Comme je partais, elle m'avait donné une feuille roulée dont j'ignorais le contenu.

« C'est mon testament, a-t-elle soufflé, si je meurs, tu le remettras à notre fils. »

Ses propos m'ont épouvanté, je l'ai embrassée tendrement en la suppliant d'être patiente, ce n'étaient que les douleurs de l'enfantement auxquelles n'importe quelle femme est confrontée à l'heure de l'accouchement.

Elle a néanmoins insisté pour que je me rende au travail, mais je ne suis resté là-bas que le premier quart de la matinée – quelqu'un de chez mon oncle est venu m'appeler.

En arrivant sur place, j'ai vu d'innombrables femmes agglutinées autour de Fatima. Au bout d'un moment, l'une d'elles est venue me trouver dans le coin où je m'étais installé à l'écart. J'ai remarqué qu'elle portait un nouveau-né, le voir m'a réjoui le cœur.

« Comment vais-je l'appeler ? » me suis-je dit tandis que je le serrais dans mes bras, avant que la femme vienne me le reprendre, probablement pour s'en occuper de meilleure façon. Là-bas, le groupe s'agitait, un tumulte que je n'arrivais pas à m'expliquer. Bientôt, il y a eu des tremblements, et puis des cris et des pleurs indistincts. Au bout d'un moment, j'ai enfin pu démêler ce qu'elles criaient : « Elle est morte ! Oh malheur, elle est morte ! »

« Elle s'en est allée ?! » ai-je murmuré en fixant son corps inerte, pendant un temps qui a duré un siècle, une vie entière, comme si mon regard pouvait la ressusciter. Pour finir, je me suis mis à hurler « Faytamah ! Faytamah ! Fatima, Faytamah, Fatima, Fatima ! », mais le siècle n'y pouvait rien, la vie entière n'y pouvait rien : elle ne me répondait pas. Je l'ai pleurée bruyamment, me cramponnant à elle pour sentir une dernière fois son odeur.

Je ne suis revenu à moi que l'après-midi – apparemment j'avais perdu conscience. Ils m'ont dit qu'ils l'avaient enterrée. J'étais content de ne pas y avoir participé. Comment aurais-je pu ?

Plusieurs personnes sont venues me consoler, dont le rabbin Yahia. J'avais besoin de parler d'elle, de ses qualités, de son amour des gens. Je ne cessais de répéter : « Elle aimait les Juifs, elle n'était pas comme les autres. C'est une Musulmane, et elle s'est mariée avec moi, "le beau Juif", comme elle m'appelait. Je vous dis la vérité, d'ailleurs elle m'en voudrait beaucoup si je profitais de sa mort pour déblatérer sur son compte. Est-ce que tu m'entends, Fatima ? Son vrai nom, c'est Fatima, un prénom arabe qui ressemble à son prénom hébreu Faytamah. »

Les présents se sont tournés vers moi, étonnés, ils me dévisageaient en marmonnant, n'en revenant pas.

« Est-ce possible ? s'est exclamé le rabbin. Elle t'aurait épousé, toi le Juif, tout en étant musulmane ? Sûrement pas, leurs hommes peuvent épouser des Juives, leur religion le permet, mais ils n'acceptent pas que les Juifs épousent leurs filles, sauf si le Juif en question se convertit à l'islam. Non, tu es devenu musulman, et tu nous racontes des salades. »

Quelqu'un dans l'assistance a persiflé : « Les vagins de leurs filles, l'Éternel les a créés et cousus pour qu'ils ne soient ouverts que par des Musulmans, tandis que les vagins de nos filles, Il les a laissés ouverts pour tout le monde… »

J'ai essayé de leur faire comprendre qu'elle ne s'était mariée avec moi qu'une fois convaincue que cela ne contrevenait pas aux règles de l'islam, qu'elle n'avait pas exigé que je change de religion, non seulement ça, mais pas une fois elle ne m'avait demandé : « Quelle est ta religion ? »

« Ta religion, elle est claire ! » a rétorqué le rabbin, puis il s'est levé pour partir, contrarié. Mon oncle l'a accompagné hors de la maison, où ils sont restés à discuter, mais je n'ai pas réussi à distinguer ce qu'ils disaient.

Les autres aussi ont fini par partir, non sans m'avoir copieusement insulté et prédit les pires châtiments pour le sacrilège que j'avais commis.

Je n'ai pas dormi, pris entre deux feux – rester ou partir –, incapable de me décider. Le cordon d'espoir qui m'avait tiré vers la vie était désormais tranché.

16

Le lendemain matin j'ai emmené le bébé, que j'avais appelé Saïd, sur la tombe de sa mère. J'ai interrogé 'Aqouche, l'homme qui habitait près du cimetière et faisait office de gardien : « Où se trouve la tombe de la femme morte hier ? » Il a désigné une sépulture placée très loin des autres. « Ils l'ont enterrée là-bas. Dans la journée, ils l'avaient placée dans ce carré-là, mais la nuit même, ils sont revenus ouvrir sa tombe, ont exhumé le corps et l'ont ré-enterrée là-bas. Ils l'ont séparée des Juifs, soutenant que c'était une Musulmane, une infidèle. »

Que pouvais-je faire ? J'avais envie de parler avec elle, en ce premier jour de notre séparation, en ce premier jour où je me sentais absent à moi-même, absent à notre fils Saïd, le beau Saïd, plus beau sans conteste que le beau Juif. J'ai voulu interroger sa mère : « Alors, comment vas-tu l'appeler ? "Le beau Juif", ou bien "le beau Musulman" ? » Mais sans doute était-elle choquée et peu désireuse de parler. D'ailleurs, ce choc, l'éprouvait-elle vraiment dans sa tombe ? N'était-ce pas plutôt moi qui étais choqué ?

La femme de mon oncle a ouvert la porte, mais en voyant que c'était moi, elle a barré l'entrée de son corps. Un peu plus tard, elle a jeté nos habits et nos effets dans la rue, avant de crier : « Dégage d'ici, va donc chez tes amis musulmans, et donne-leur ton fils musulman à élever. Tu le sais bien pourtant que le fils suit la religion de sa mère, c'est écrit dans nos textes. Et toi, tu es devenu musulman comme la mère du gamin, alors, qu'est-ce que tu nous veux encore ? » Là-dessus, elle m'a claqué la porte au nez. Je suis resté paralysé, je ne savais pas quoi dire, ni où aller.

Je suis parti, sans même avoir la force de ramasser les affaires éparpillées autour de nous.

En entendant un peu plus tard les pleurs discrets de Saïd, je me suis rendu compte que mes pas m'avaient guidé bien loin du quartier juif.

Je n'avais aucune idée de la façon dont on s'y prend avec un nourrisson. L'idée m'est venue de me rendre chez sa tante, la sœur de Fatima. Peut-être aurait-elle plus de pitié et accepterait-elle de s'occuper du petit. Mon ami 'Abdallah al-Qanou', dont j'avais fait la connaissance peu après mon arrivée à Sanaa, m'a accompagné dans les quartiers où vivaient les Musulmans pour m'aider à trouver sa maison. Nous avons eu bien du mal à la localiser, et à notre arrivée, nous étions fourbus. C'est Amat al-Raouf elle-même qui nous a ouvert. « Je ne peux pas te laisser entrer, a-t-elle dit aussitôt qu'elle m'a vu, mon mari est absent. »

Je lui ai annoncé la triste nouvelle concernant sa sœur. « Elle est morte depuis très longtemps, a-t-elle répliqué sèchement, depuis le jour où elle a épousé un Juif et qu'elle est partie avec lui. »

J'ai ainsi découvert qu'elle était parfaitement au courant de notre idylle. Peut-être le tenait-elle de ses parents ?

« Mais ça n'est qu'un enfant, ai-je supplié, le fils de Fatima ! Les Juifs n'en ont pas voulu : dans leur croyance, la religion se transmet par la mère, et croyez-moi, sa mère est restée musulmane toute sa vie – je vous le jure. Je vous demande juste de m'aider à l'élever. Bien entendu, je subviendrai à ses dépenses et vous donnerai tout ce que vous demanderez.

– Chez nous, les Musulmans, a-t-elle dit d'une voix chargée de colère, la religion se transmet par le père et non par la mère, et toi tu es son père, un Juif fils de Juif, donc lui aussi est un Juif fils de Juif. » J'ai senti qu'elle aurait voulu me gifler, car elle avait agité furieusement la main en crachant cette dernière formule – « un Juif fils de Juif ».

J'ai erré sans but. Privée de Fatima, la terre entière me paraissait un tombeau, et la vie ressemblait à la mort. Comment allais-je pouvoir visiter sa tombe, placée à l'écart de celles des Juifs, et dialoguer avec son âme, rejetée par les Musulmans ? Notre fils Saïd, le Juif fils de la Musulmane, le Musulman fils du Juif, vivrait-il assez longtemps pour pouvoir lire le testament de sa mère ?

Et puis qui lirait un jour le récit du beau Juif et prêterait attention à son chant ?

Mon esprit, hélas, n'est que confusion...,
Quand j'ai vu son ombre passer devant moi,
Mon existence a été écrasée,
Et mes os ont été broyés,
Sous l'effet de son charme exténuant.
Soyez indulgent pour mon état
Dites-lui qu'un an de sa compagnie me suffira.
Je vous en conjure : ayez pitié de mon cœur embrasé
Elle l'a emporté avec elle, et ne me l'a jamais rendu,
Ma dulcinée est issue du peuple de Muhammad
Si je pouvais l'approcher, je vivrais dans la félicité.
Si je meurs ô gens d'Allah absolvez-moi,
Et à ses côtés enterrez-moi,
Et puis de vos salutations gratifiez-moi,
Les salutations sont acte de charité
Pour ce pauvre Juif qui est amoureux
Comme peuvent l'être toutes les créatures ici-bas.

Le rite de Fatima

1

J'étais fourbu à force d'arpenter les rues et de frapper à toutes les portes, passant d'un Juif à un Musulman, d'un négociant à un bijoutier, d'un cheikh à un rabbin.

« Votre religion et vos traditions peuvent-elles s'accommoder d'une telle cruauté, leur disais-je, abandonner à son sort un nourrisson âgé d'un jour à peine et le laisser dépérir jusqu'à ce qu'il meure ? »

Les papillotes que je portais le long de mes joues dissuadaient les Musulmans de me lancer un seul regard de compassion, mais elles ne suffisaient pas pour autant à attendrir les Juifs, qui ne croyaient plus à ma judéité.

Il me fallait trouver un sauveur pour mon fils, faute de quoi je n'avais plus qu'à me suicider. J'étais au supplice, et j'en venais presque à les détester tous, Juifs comme Musulmans. Les cris de Saïd me faisaient trébucher tandis que des questions me vrillaient la tête : « Comment une créature nourrie de l'esprit de Fatima peut-elle subir un tel martyre ? Que faire pour remédier à la dispersion des cœurs et à la séparation des corps ? »

Mon dernier recours était le vice-imam, voire l'imam en personne, al-Mutawakkil 'ala Allah Ismaïl ibn al-Qassem.

Je me suis surpris à prendre la direction de son palais, il ne me restait plus, moi qui étais traversé par les doutes religieux, qu'à me fondre en Fatima – je veux dire à entrer en islam. Non par conviction, mais parce que je voulais me draper d'une des qualités qu'elle m'avait appris à aimer chez elle avant qu'elle me prenne pour mari, une marque de sa confiance et de sa foi en l'avenir.

Si je voulais emprunter sa voie, il me fallait pardonner à tous ceux qui s'étaient rendus coupables de péché envers nous – envers elle, envers Saïd et envers moi. L'amour, le pardon et la paix étaient les balises qui conduisaient jusqu'à elle. Quand je repensais à Fatima, j'éprouvais un sentiment d'apaisement, je me remémorais un récit qu'elle m'avait rapporté au sujet de Muhieddine ibn 'Arabi – le « cheikh al-akbar[1] », comme elle l'appelait.

« Sa devise était : "Si tu ne veux plus ressentir l'effroi, abstiens-toi d'effrayer les autres. Ainsi, tu ne craindras plus rien puisque toi-même tu ne seras plus craint." Tel était le secret de la tranquillité d'esprit chez le cheikh al-akbar, avait déclaré Fatima avant de poursuivre son récit. Lors d'un voyage effectué dans ses jeunes années à travers l'Andalousie, entre Carmona et Palma del Rio, il avait surpris un troupeau de zèbres en train de brouter. Le premier réflexe d'ibn 'Arabi, passionné de chasse, avait été de se lancer à leur poursuite, mais après avoir réfléchi, il s'était ravisé et avait résolu de ne plus jamais pourchasser une bête ni de lui nuire. Quand le cheval qu'il montait a aperçu les zèbres, il a voulu charger le troupeau, mais le cheikh al-akbar l'a retenu par les rênes, gardant ses flèches à la main jusqu'à son arrivée au milieu des bêtes. Peut-être même les pointes de ses flèches ont-elles effleuré la croupe de quelques zèbres en train de brouter sans qu'aucun

1. Littéralement, « le plus grand des maîtres », titre qui fut attaché au grand mystique andalou, auteur d'une œuvre monumentale.

d'eux ne songe à lever la tête ni à prendre la fuite, après quoi il a poursuivi sa route. Ce n'est qu'un peu plus tard, lorsque les aides de chasse du cheikh, arrivés à quelques pas de distance, les ont chargés à leur tour, qu'ils ont finalement détalé. Par la suite, on a compris que l'étrange sérénité dont ils avaient fait preuve venait de ce qu'ils avaient capté l'intime conviction du cheikh al-akbar selon laquelle ces créatures dcvaient être épargnées. »

2

Devant le palais du vice-imam – l'émir de Sanaa –, j'ai eu la surprise de découvrir un visage qui m'était familier. L'individu devisait avec trois autres hommes et n'a prêté aucune attention à ma présence. Je me demandais où je l'avais vu, et en quelles circonstances. J'étais d'autant plus intrigué que mes réminiscences n'évoquaient pas une rencontre de passage, mais un lien beaucoup plus étroit. Son nom était sur le bout de ma langue, mais ma mémoire flanchait désespérément.

Il a fini par se tourner vers moi et nos regards se sont croisés. Aussitôt, il s'est levé et est venu à moi : « Salut à toi, salut Salem le Juif, tu es le bienvenu à Sanaa. Quand donc es-tu arrivé ? »

Le timbre mélodieux a suffi à me rafraîchir la mémoire : c'était 'Ali, le fils de Saleh le muezzin. Même si je n'avais fait que le croiser sans entendre le son de sa voix, je l'aurais tout de même reconnu à ses traits caractéristiques, hérités eux aussi de son père. Visiblement, il lui avait beaucoup emprunté, quand bien même leurs liens s'étaient rompus du jour où il avait décidé de s'enfuir avec Saba.

Après que nous eûmes échangé quelques mots et qu'il se fut informé de mon histoire, il a dit en ramassant ses affaires : « À présent, il faut que nous sauvions cet enfant. Allez, en route, on va chez moi. »

Sa maison n'était pas très éloignée du palais; comme nous entrions chez lui, il a lancé à haute voix: « Tu ne devineras jamais qui j'amène avec moi ! »

Une voix lui a répondu de l'intérieur: « Et comment le saurais-je… Qui donc ? » C'était la voix de Saba, qui venait de la chambre voisine. Elle s'y était réfugiée en entendant son mari ouvrir la porte en criant: « Ohé gens de la maison, recherchez la protection de Dieu ! », ce qui voulait dire qu'il était venu accompagné d'un homme étranger au foyer et qu'elle ne devait pas se montrer.

'Ali m'a pris le bébé des bras et l'a confié à Saba pour qu'elle lui donne le sein.

« Ma femme a du lait, m'a-t-il expliqué, on a eu une petite fille il y a deux mois à peine.

– Je suis prêt à subvenir à toutes les dépenses et à vous donner tout ce que vous demanderez, lui ai-je dit, pourvu qu'elle l'allaite en même temps que votre petite.

– Ne t'inquiète pas, a-t-il répliqué tranquillement, nous l'abriterons dans la prunelle de nos yeux. »

J'ai repensé aux querelles qui avaient opposé son père à Assaad, et puis sa fuite avec Saba pour l'épouser à Sanaa. Je me suis souvenu de Nachwa et de Qassem.

Alors que je déjeunais avec lui, il m'a questionné: « Dis-moi, tu es toujours sur ce que tu m'as dit ? Tu veux vraiment entrer dans l'islam ?

– Je n'ai pas changé d'avis. »

Nous avons alors engagé une longue discussion, à l'issue de laquelle il m'a informé qu'il était préférable que je prononce ma conversion à l'islam chez l'imam al-Mutawakkil. « Il est très savant en matière de religion et saura ce qu'il faut faire. »

Plus tard, je suis retourné chercher mes effets, toujours éparpillés devant la maison de mon oncle.

Mes affaires étaient tristement jetées au milieu des jouets des enfants, mais ce qui m'a épouvanté, c'est la disparition du testament rédigé par Fatima. Je l'ai cherché frénétiquement, persuadé que le retrouver me la rendrait, elle. En vain.

Saba s'est démenée pour me laver mes vêtements rapidement, afin que je puisse disposer d'habits convenables pour ma visite à l'imam. Ma rencontre avec lui était prévue le lendemain dans sa résidence de Dhuran Ans.

Son visage était celui d'un homme vénérable, il était coiffé d'un turban et vêtu d'habits d'apparat, avec une *janbiya* qu'une large ceinture où scintillaient des fils d'or maintenait à sa taille. Suivant à la lettre les instructions de 'Ali, je me suis précipité dès notre entrée pour lui baiser la main droite et les deux genoux. 'Ali avait agi ainsi juste avant moi, après quoi il s'était adressé à l'imam :

« Votre éminence, que Dieu préserve votre gloire, je suis venu à vous en compagnie de Salem le Juif. Celui-ci vous demande d'accepter son repentir et d'agréer son entrée dans l'islam. »

Ces propos m'ont plongé dans la perplexité. « Décidément, me disais-je, où trouver aujourd'hui de belles âmes comme celle de Fatima, dotées d'une aussi noble conception de l'islam ? » Ce faisant, je me rappelais les paroles humiliantes que j'avais entendues des centaines de fois, les précautions qu'on prenait avant de prononcer le nom d'un Juif, en le faisant précéder de maintes prières telles que « Dieu préserve votre gloire », comme s'il fallait se prémunir avant de mentionner le nom d'une créature inférieure ou d'une calamité.

Et puis qu'était-ce donc que cette histoire d'accepter mon repentir ? Étais-je un infidèle, moi qui avais vécu dans l'ombre de Fatima ?

J'ai repris mes esprits en entendant l'imam m'interpeller : « Eh bien, le Juif, qu'est-ce qui t'arrive ? Tu m'as l'air bien distrait ! »

J'étais confus et je suis resté un temps hébété, ne sachant comment répondre. Cependant, j'ai pris progressivement de l'assurance, d'autant que je pouvais lire sur le visage de 'Ali un assentiment à mes réponses.

Après que j'eus prononcé les deux attestations – « J'atteste qu'il n'y a de dieu qu'Allah et que Muhammad est Son prophète » –, l'imam m'a demandé de venir m'asseoir près de lui. Je ne me doutais pas alors que ce rapprochement symbolique durerait de longues années.

3

Le juge Ahmad, comme on l'appelait, s'était vu confier la tâche de me préparer à devenir un Musulman à part entière. Son visage était sévère, en permanence empreint de gravité.

« Dieu t'a guidé vers Sa vraie religion, et nous allons t'amender et te purifier des abominations de Satan et du péché d'infidélité. » Tels ont été ses premiers mots ; il parlait de manière péremptoire, comme si ses paroles étaient une vérité incontestable.

Quand je suis revenu le lendemain, il ne m'a interrogé ni sur mes connaissances en matière d'islam ni sur les livres que j'avais lus, à la différence de l'imam.

« Les meilleurs prénoms – selon le hadith du prophète Muhammad, sur lui le salut et la bénédiction – sont les dérivés de la racine *ha-ma-da* et ceux composés avec *'abd*. Je te choisis donc le prénom de « 'Abdelhadi[1] », car Allah Tout-Puissant est Celui qui t'a guidé et dirigé dans le droit chemin de l'islam. »

Sa seule préoccupation semblait être de me changer mon prénom et de s'assurer que j'allais bien effectuer – ou renouveler – ma circoncision, couper mes papillotes, et enfin choisir celui des rites musulmans auquel j'allais adhérer.

---

1. Ces prénoms sont formés avec le mot *'abd* (« serviteur ») suivi de l'un des quatre-vingt-dix-neuf noms attributs de Dieu. *'Abdelhadi* signifie littéralement le « serviteur du Guide ».

J'ai pensé à Fatima. Le nom de « beau Juif » allait-il mourir, maintenant que la langue de ma bien-aimée s'était tue à jamais ?

Si on m'avait permis de choisir, j'aurais voulu m'appeler « l'amant de Fatima », et pas autrement, mais cela semblait impossible. J'ai proposé, à défaut, qu'on m'attribue plutôt un prénom incarnant l'une des qualités qu'elle me trouvait et à travers lesquelles elle m'avait aimé.

« Si vous y avez agrément – qu'Allah vous agrée dans chacun de vos actes –, verriez-vous un inconvénient à me prénommer 'Abdelsalam ou 'Abdelwadoud ou 'Abdelhabib[1] ? En accédant à cette demande, vous me témoigneriez grande compassion et grande sollicitude.

– Quand tu viens au monde, c'est ton père qui te donne ton prénom, mais si tu viens à l'islam alors que ton père est un infidèle, ton prénom t'est attribué par la religion de l'islam, qui est désormais ton nouveau père. »

J'ai failli lui demander si elle était aussi ma nouvelle mère, mais je n'ai pas osé, craignant qu'il prenne cela pour un sarcasme.

C'est ainsi que mon prénom est devenu 'Abdelhadi. On m'a également signifié que je devais renouveler ma circoncision, moi qui pourtant avais été dûment circoncis conformément au rituel juif. En désespoir de cause, j'ai déposé un recours auprès de l'imam. Au commencement, ce dernier n'était pas convaincu de m'accorder une dispense, mais il a ensuite assoupli sa position, surtout parce qu'il était admiratif de ma maîtrise de l'écriture arabe – j'avais pris soin de préciser que j'avais rédigé mon recours moi-même. « Le sujet, a décrété l'imam, est dispensé d'une

1. Respectivement « Serviteur de la Paix », « Serviteur de l'Affectueux », « Serviteur de l'Aimé ».

seconde circoncision, eu égard à sa belle écriture arabe telle qu'elle ressort de sa requête à nous adressée. »

Toutefois, si j'ai été sauvé d'une nouvelle circoncision, je n'ai pu échapper à l'injonction de couper mes papillotes.

« Vous devez les faire disparaître, m'ont-ils tous répété, les garder, ce serait apparaître comme un Juif infidèle et non comme un Musulman. » Parmi eux, seul un très petit nombre n'a pas utilisé l'adjectif « infidèle ».

Quand ils m'ont coupé les deux papillotes, j'ai eu le sentiment qu'ils avaient tranché du même coup les mots de Fatima, ces mots doux qu'elle prononçait tout en les lissant de ses doigts.

Tout me rappelait son souvenir, le souvenir des jours que j'avais vécus quand elle était encore là : mon prénom, ma circoncision, mes papillotes, sans parler de ma nouvelle religion et du choix d'un nouveau rite. Quand ils m'ont demandé de proclamer mon adhésion au rite qu'eux-mêmes avaient choisi pour moi – non sans préciser que c'était le seul authentique et que les autres étaient tous invalides –, j'ai failli m'écrier : « Le rite de Fatima, vous entendez ! Le rite auquel j'adhère est celui de Fatima ! »

Annexe au « Rite de Fatima »

Dans quelques années à peine, j'aurai soixante ans.

Je ne sais pas comment le temps a passé… Il a filé comme un rêve, et je n'ai rien pu faire pour le retenir, ni pour l'infléchir dans la direction que je souhaitais.

Maintes années se sont écoulées, vides de la présence de Fatima. Cette période, je l'ai passée attaché au service des armées de l'imam. Ma mission consistait à transmettre ses ordres, à prendre note de ses conquêtes militaires et à enregistrer ses victoires contre les insurgés et les rebelles à l'État.

Quand il s'était avisé de mon talent pour la calligraphie et de mon aptitude à former de belles phrases, l'imam m'avait en effet demandé d'apprêter un livre d'or qui immortaliserait à jamais sa grandeur.

C'est ainsi que j'y ai consigné ses moindres agissements, évoquant aussi bien les roses que les épines. Les guerres étaient cruelles ; des troupes avaient été dépêchées au sud du pays pour mater les révoltés et les obliger à payer le tribut imposé par son éminence l'imam al-Mutawakkil. Ceux qui n'étaient pas de l'obédience de l'imam voyaient leur tribut doublé, au même titre que les vaincus des contrées non musulmanes. Les vainqueurs s'arrangeaient avec eux pour qu'on les laisse tranquilles moyennant paiement de la dîme.

« Incroyable ! Même s'ils sont sunnites, ce sont quand même des Musulmans, non ? » s'était exclamé mon fils

Saïd en entendant le récit de mes tribulations au sein de l'armée. Il vivait avec moi depuis des années, depuis qu'à l'âge de seize ans, il avait dû quitter la maison de ses parents nourriciers, 'Ali et Saba.

Moi aussi, quand je repensais aux mauvais traitements infligés par les hommes de troupe aux habitants, je blâmais mes yeux et mes doigts d'être restés à observer passivement les événements et à les coucher par écrit, sans manifester ni opposition ni refus. Certes, j'avais consigné les événements avec honnêteté, mais ça ne suffisait pas.

L'exemplaire unique de ce récit, rédigé de ma plume, passait de main en main chez les dignitaires du palais, fiers de ce qui était rapporté au sujet des hauts faits de l'armée du puissant al-Mutawakkil.

Aussitôt monté sur le trône pour succéder à al-Mutawakkil comme imam, al-Mahdi est venu me rapporter cet exemplaire unique, me priant de le recopier en quatre exemplaires.

Cette demande m'a enchanté, je peux même dire que j'étais au comble du bonheur. De nombreux dignitaires affluaient désormais dans ma petite échoppe – j'y vendais des babioles depuis mon retour de la guerre – pour me réclamer des exemplaires. Quand ils venaient le samedi, je les congédiais en les renvoyant au samedi suivant et ils trouvaient la boutique fermée – aucun n'a toutefois effectué le rapprochement avec le fait que les Juifs s'abstiennent de tout travail ce jour-là.

Du reste, je ne me considérais plus comme juif, c'est seulement que sa voix quand elle m'appelait « le beau Juif » continuait de résonner à mes oreilles. Tout comme il m'était impossible de faire abstraction de sa qualité de musulmane, qui m'accompagnait depuis que j'avais adopté son rite – le rite de Fatima.

En réalité, plutôt que de le recopier, j'avais déchiré le fameux exemplaire unique et entrepris de réécrire de fond en comble la chronique des événements, je voulais le faire de la façon qui me convenait et non plus dans le seul but de complaire à l'imam.

Mais avant de le surprendre en lui remettant une nouvelle version non conforme à l'ancienne, pis, entièrement différente, j'ai projeté de lui remettre un exemplaire d'un autre livre que j'avais entamé peu après être devenu désœuvré faute de guerre – je veux dire faute de guerre à chroniquer. Un livre dans lequel je relatais la condition des Juifs sous le règne de l'imam al-Mutawakkil, ce qu'ils avaient subi et qu'ils continuaient de subir à l'ombre de son successeur. Dans mon esprit, il s'agissait d'une introduction destinée à préparer l'imam al-Mahdi à la version complète que je lui remettrais par la suite. J'ai donc rédigé à la hâte une version abrégée que j'ai intitulée *Chronique des Juifs yéménites.*

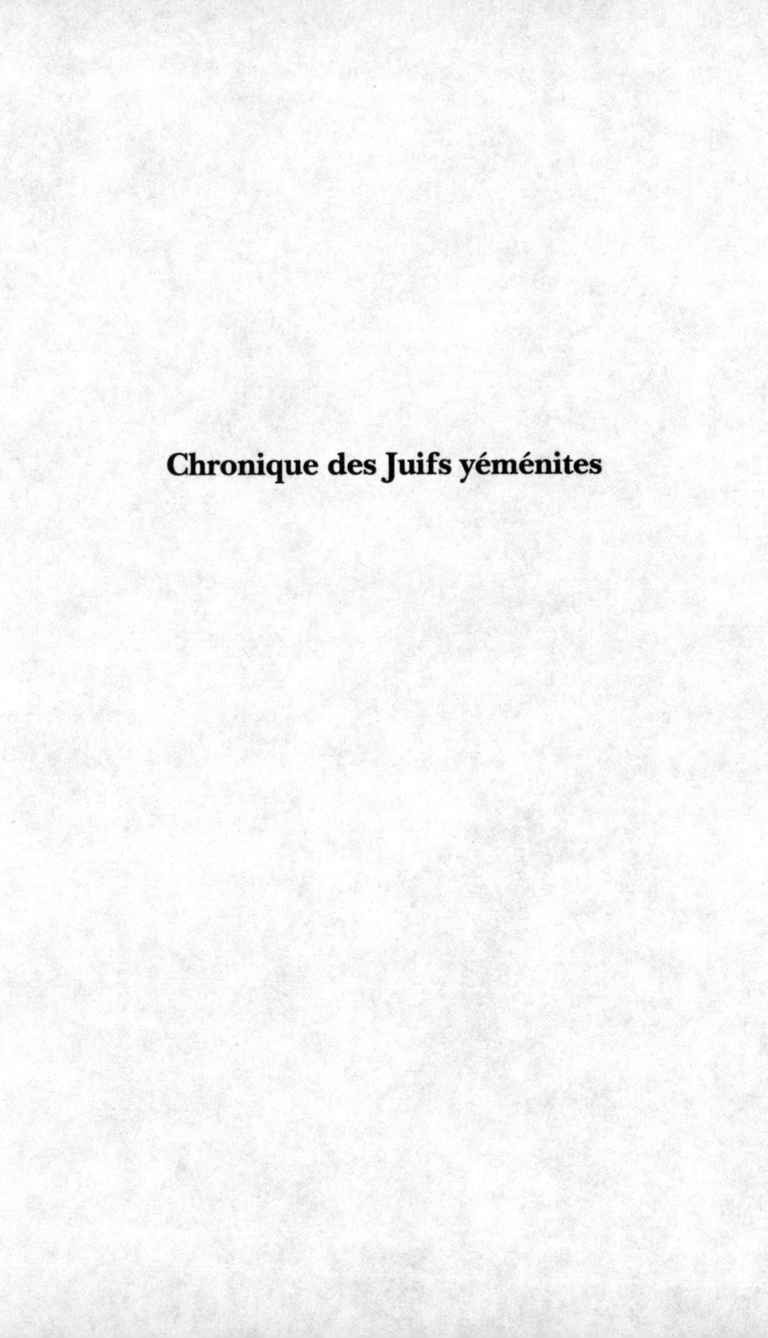

Chronique des Juifs yéménites

1

Puis est arrivé l'an mil soixante-dix-sept de l'Hégire[1]. Au cours du mois de Rajab, les Juifs ont manifesté leur irritation de voir l'Histoire se répéter et leur apporter continuellement de nouveaux drames, un calvaire si pénible qu'ils n'avaient désormais même plus la force de se plaindre.

À cette époque, la nouvelle s'est propagée de l'apparition du Messie rédempteur annoncé dans les anciennes écritures. Les Juifs étaient radieux, comme si de toute leur vie, ils n'avaient eu d'autre rêve que celui-là.

Ils se sont mis à annoncer la bonne nouvelle aux quatre coins du Yémen, persuadés que l'événement confirmait les prédictions de leurs livres saints selon lesquelles les Juifs seraient les vainqueurs et qu'ils pourraient enfin avoir la royauté pour eux seuls.

Shabbataï Tsevi, tel était son nom avant qu'il devienne le Messie rédempteur. Sa prédication avait commencé à Izmir, en Turquie, puis l'avait emmené à Salonique, Athènes et Le Caire. Pour finir, il était arrivé à Jérusalem, vers laquelle il voulait entraîner ses disciples, qui considéraient cette ville comme leur dernière destination sur cette terre.

À mesure que les annonces sur l'arrivée de ce Messie se multipliaient, en provenance de Jérusalem et d'Égypte,

1. Soit 1666 selon le calendrier grégorien.

les Juifs ont subi une transformation entièrement inédite dans ce qui avait été leur attitude jusqu'alors. Les signes de cette transformation étaient bien visibles. Certains ne pouvaient pas cacher leur joie à l'idée que l'issue était proche, et ils ont commencé à faire preuve d'une arrogance à laquelle les Musulmans n'avaient pas été habitués.

Un jour qu'un cordonnier juif cousait une chaussure pour un client musulman, ce dernier a eu la surprise de l'entendre déclarer: « Tu verras, on va vous mettre à genoux, on va se venger de vous et vous obliger à marcher nu-pieds. Seuls les Juifs mettront des chaussures, et vous, vous en serez réduits à les fabriquer et à les réparer pour eux. » Selon le récit, le Musulman avait été choqué par ce qu'il venait d'entendre et s'était figé dans la stupeur face à des paroles aussi invraisemblables dans la bouche d'un Juif. Il faut dire qu'aucun Juif n'avait jamais osé tenir de tels propos devant un Musulman, et encore moins lancer un avertissement aussi menaçant à l'encontre de toute la communauté musulmane.

L'homme a du reste tenté de se convaincre qu'il avait eu une hallucination: le Juif avait dû lui glisser un talisman dans ses chaussures et un djinn maléfique avait dû en sortir pour souffler ces paroles porteuses de discorde. Il n'a donc pas jugé utile de dénoncer publiquement les menaces du djinn, ni de se plaindre de ses éclats de voix qui s'élevaient chaque jour plus fort, au point de se muer en cris qui lui faisaient exploser la tête.

Il aurait pu continuer à se taire, si ce n'est que des événements se sont produits qui lui ont ouvert les yeux et éclairé l'esprit, lui permettant de comprendre que l'incident s'était bien produit dans la réalité et non dans les limbes du surnaturel.

Les rumeurs se sont multipliées : un Juif avait proclamé que ses coreligionnaires imposeraient aux Musulmans un tribut égal au double de ce que les Juifs payaient aujourd'hui aux Musulmans. Un vendeur juif s'était disputé avec un acheteur musulman sur le prix d'une hache de fer, sur quoi le vendeur avait fini par conclure : « Donne ce que tu veux, aujourd'hui la hache est avec toi, mais demain elle sera en ma possession et je me ferai un plaisir de te la fracasser sur la tête. » Un autre encore avait promis de détruire tout ce que les Musulmans avaient bâti à Jérusalem et de transformer leurs mosquées en synagogues.

Face à ces rumeurs, les Musulmans ont eu peur pour leur avenir et ont essayé de se rassurer en interrogeant les propagateurs eux-mêmes, ceux qui avaient annoncé la venue du Messie.

Les Juifs donnaient l'impression de connaître avec précision leur destin, mieux, ils organisaient désormais leur vie comme s'ils vivaient déjà à l'ombre de ce destin, avec tout ce qu'il leur conférait de protection, de sauvegarde et d'orientation pour les guider vers leur objectif commun, à savoir Jérusalem. Pour atteindre cet objectif, certains d'entre eux, incapables de prendre leur mal en patience, n'hésitaient pas à vendre leur maison, leurs effets et toutes leurs possessions aux prix les plus bas.

Jusqu'ici, les Musulmans ne s'étaient pas trop souciés du risque représenté par le départ des Juifs, leur inquiétude venait plutôt de leur présence persistante à leurs côtés. Or, les dernières déclarations avaient non seulement réveillé cette inquiétude, mais de plus offert un prétexte à certains pour réaffirmer leur défiance et réitérer les propos méprisants tenus dans le passé vis-à-vis des

Juifs. Le cadi Ahmad ibn Saadeddine a adressé une requête à l'imam al-Mutawakkil Ismaïl ibn al-Qassem ibn Muhammad, au sujet de ce qu'il a appelé les agissements des Juifs et de leur refus de se soumettre au statut de *dhimmi*[1], qui leur garantissait de vivre paisiblement au milieu des Musulmans. L'imam lui a répondu que leur refus de se soumettre au statut entachait celui-ci de « nullité ou à tout le moins de vice ».

L'interprétation de cette réponse a fait naître des rumeurs selon lesquelles « l'imam les avait voués aux gémonies et promis à un anéantissement certain ». Les habitants musulmans de Kawkaban et de Shibam, aussitôt apprise la nouvelle, se sont rués chez leurs voisins juifs et ont pillé leurs meubles, leurs bijoux et leur argent.

Mais ce n'est pas tout : quand le héleur de Shibam a proclamé dans un avis à la population que l'imam avait maudit les Juifs, le bouche-à-oreille s'est vite chargé de propager l'information dans toute la région. Les habitants de Haz, d'al-'Orah ont aussitôt sauté sur l'occasion, suivis de ceux d'al-'Arous, de Hudur et de la région d'al-Bustan, pillant les possessions des Juifs qui vivaient dans leurs villes.

Les habitants de Sanaa et de sa périphérie ne voulaient pas être en reste, mais l'émir 'Ali, fils de l'imam al-Muayyad, les en a empêchés.

Les discussions autour du saccage et du pillage étaient sur toutes les lèvres, et la nouvelle a fini par atteindre les oreilles de l'imam al-Mutawakkil, qui a été stupéfié par ce qu'il entendait. Il a nié catégoriquement avoir donné son blanc-seing aux agissements perpétrés

1. Littéralement, « doté d'une (autre) conviction » : statut anciennement attaché aux non-Musulmans en terre d'islam.

par les Musulmans à l'encontre des Juifs, et pour bien montrer que l'interprétation de ses propos était erronée, il a ordonné que les pillards soient châtiés, et leur a appliqué des peines sévères sans leur accorder la moindre circonstance atténuante, comme cela a été confirmé par les archives du greffe et par les aides de l'imam dans leurs mémoires.

Auparavant, les Juifs avaient annoncé que le 12 du mois de Chaabane, un événement allait se produire, qui apporterait la preuve de la véracité de leurs prétentions au sujet du retour du royaume entre leurs mains. Cet événement prendrait la forme d'une terrible clameur qui serait entendue de tous les habitants de la terre. Cependant, le jour venu, les heures ont passé jusqu'au soir sans que rien de tel se produise.

Partout, on débattait des Juifs. Au mois de Ramadan de cette même année, l'imam, alors qu'il était de passage au palais d'al-Soudah, a annoncé qu'il convoquait dans son palais de Sanaa un groupe de hauts dignitaires juifs. Lorsque ces derniers se sont présentés, il les a gardés avec lui un certain temps, et on a même cru, selon le jurisconsulte Muhammad ibn 'Ali ibn Jamil, qu'il projetait de les trucider, surtout lorsque l'imam a demandé à faire venir en catastrophe le cadi Ahmad ibn Saadeddine ibn al-Hussein al-Miswari. En fait, il désirait seulement informer le cadi de ses intentions.

Le cadi a approuvé les visées de l'imam, mais le jurisconsulte ibn Jamil, qui était le seul témoin de leur conversation, a tenté, selon ses dires, de les faire revenir sur leur décision, dans l'intérêt de ceux qu'il appelait les *dhimmi*.

« Ne prononce pas ce mot de *dhimmi*, l'a interrompu l'imam, et ne les appelle plus jamais comme ça, il convient de les désigner comme “les Juifs”, car ils n’ont aucune conviction, ils ont trahi la promesse. »

Ibn Jamil a néanmoins insisté, tentant de lui démontrer que s’il se mettait en tête de les exterminer, les Musulmans eux-mêmes seraient amenés à se déchirer et à s’entretuer, compte tenu des richesses possédées par les Juifs. Ces propos ont ébranlé l’imam, qui est finalement revenu sur ce qu’il avait décidé.

Quelques semaines plus tard, à la fin du mois de Chawwal, l’imam a ordonné qu’on fasse entrer les dignitaires juifs dans la salle du conseil, puis il a ordonné qu’on leur arrache leurs turbans, qu’on prononce leur déchéance sans circonstances atténuantes, enfin que leur doyen, appelé Naccache, soit mis aux arrêts puis exilé sur l’île de Kamaran.

2

Les mesures prises à l'encontre des Juifs ne les ont pas empêchés de continuer à rêver, au contraire. On peut même dire qu'ils sont allés trop loin dans la poursuite de ce rêve. Le caractère excessif de leurs prétentions est apparu clairement lorsqu'ils se sont mis en tête que les Musulmans devaient sans plus tarder abdiquer le pouvoir en leur faveur. Ce jour-là, un samedi, un certain nombre d'entre eux se sont réunis à Sanaa pour se choisir un gouverneur qui prendrait leur tête et irait réclamer les clefs de la ville.

Ils se sont mis d'accord sur un homme appelé Suleyman al-Jamal. C'était un savant versé dans la religion juive, et ils estimaient qu'il n'y aurait pas mieux que lui pour gouverner Sanaa et veiller à ses destinées. Ils l'ont paré des vêtements les plus chers et les plus fastueux afin qu'il ressemble à un roi, puis l'ont parfumé et coiffé.

Ils ne cessaient de l'acclamer et de se faire bénir par lui, persuadés que cette journée ne s'achèverait pas sans qu'ils se soient fait remettre les clefs de la ville. On a raconté qu'ils avaient distribué des chopes d'alcool pour fêter à l'avance leur victoire inéluctable, mais cette rumeur n'a jamais pu être vérifiée.

La plupart des Juifs l'ont encouragé et l'ont poussé comme un jeune marié. Cependant, à mesure que le cortège parcourait les rues en direction du palais, les rangs se clairsemaient, certains de ses membres se détournant pour se rendre à la synagogue. Finalement, lorsqu'il est arrivé à la porte du palais de Sanaa, ils n'étaient plus que deux à ses côtés. Le trio a avancé jusqu'à l'avant-cour du palais, qui donnait sur une vaste esplanade à l'ombre du dôme de la mosquée al-Mouradieh. Une fois sur place, quand ses deux accompagnateurs ont vu l'émir 'Ali ibn al-Muayyad trônant au milieu de l'esplanade, ils ont commencé à reculer, faussant compagnie à leur ami.

Mais Suleyman al-Jamal ne s'est pas rétracté pour autant; il a avancé seul, sans peur ni timidité, jusqu'à l'émir, puis s'est adressé à lui dans une langue étrange[1]. Personne ne comprenant rien à ce qu'il disait, on a envoyé chercher un interprète au palais pour traduire les propos de l'inconnu. Accouru, l'interprète n'en a pas cru ses oreilles, il a reculé, n'osant pas transmettre ce qu'il avait entendu, mais devant l'insistance du maître du palais, il a fini par murmurer: « Voici ce que cet homme vous dit: Levez-vous et cédez votre place, votre État est à l'agonie, vos jours sont révolus, et ce pays est désormais le nôtre. »

L'émir lui-même n'en revenait pas d'une telle témérité: il a ordonné que l'homme soit examiné pour voir s'il avait bien tous ses esprits, s'il n'était pas sous l'emprise de l'alcool ou d'une autre substance. Quand on lui a confirmé qu'il était sain d'esprit, ni ivre ni fou, il a ordonné de l'emprisonner et a remonté le cas au prince des Croyants al-Mutawakkil, dont la réponse n'a pas tardé à tomber: l'homme devait être exécuté sur-le-champ.

1. En araméen semble-t-il.

En apprenant la nouvelle, les Juifs ont été bouleversés, ils se sentaient honteux d'avoir trahi celui qu'ils avaient élu comme le premier d'entre eux. Ils ont tenté tous les recours, ont proposé d'offrir une grosse somme comme «prix du sacrifice[1]», hélas, toutes ces solutions ont été rejetées. Pour finir, il n'est pas resté d'autre issue que la ruse et le stratagème: ils ont fait courir la rumeur que le bourreau subirait une terrible malédiction. Ce point a soulevé de longs débats et des discussions passionnées, si bien que la plupart des gens ont fini par croire réellement à cette malédiction.

L'homme a été conduit de la prison jusqu'au souk d'al-Halaqah à Sanaa afin d'y être exécuté. Tout au long du chemin, il a gardé la tête penchée vers le sol et les yeux baissés, sans regarder ni à droite ni à gauche, et seules ses lèvres tremblaient légèrement. Mais aucun de ceux qui l'avaient amené ne s'est senti le courage de le tuer.

Au bout de quelques instants, cependant, quelqu'un s'est approché, drapé d'une toge. Cet homme, dont il s'est murmuré par la suite qu'il était un descendant du clan des Banou Hachem – la lignée de l'oncle du prophète Muhammad –, a signé définitivement le glas du rêve juif: «Il a dégainé sa *janbiya* et a tranché la gorge du condamné», avant de repartir sans être identifié par quiconque.

Suleyman al-Aqtaa[2], comme on devait l'appeler désormais, est resté quelque temps gisant dans le souk, puis, d'après les témoins, l'émir 'Ali ibn al-Muayyad – surnommé «la beauté de l'islam» – a ordonné aux Juifs de

1. Disposition du droit islamique permettant, avec l'accord de la victime, de dispenser le coupable de la peine de mort moyennant le paiement d'une somme d'argent.

2. «Le décapité».

débarrasser le corps en le traînant face contre terre. Ils ont demandé l'autorisation de le porter, mais l'émir a refusé, ils lui ont alors proposé une grosse somme d'argent contre cette faveur, mais l'émir a décliné l'offre. Ils ont donc fini par le traîner hors du souk jusqu'à la porte de Bab Chaoub. Là-bas, ordre a été donné de le suspendre au sommet d'une des murailles de la ville, afin que tous ceux qui entraient et sortaient de Sanaa par cette porte puissent le voir.

Il est resté ainsi accroché plusieurs jours, tellement longtemps que la graisse qui emplissait son corps – il était gros et ventru – a fini par couler sur les murs. Ensuite, son corps a commencé à se décomposer, tant et si bien que les gens ont été incommodés par l'odeur. Les Juifs ont reçu ordre de le décrocher, ordre qu'ils ont accueilli dans une joie extrême. Ils sont venus en masse et ont uni leurs efforts pour descendre le corps, puis le porter jusqu'au cimetière pour l'enterrer parmi leurs tombes. Personne n'était plus heureux que ceux qui l'avaient touché et avaient aidé à le porter.

3

La vie n'était plus comme avant. Dans le passé, les journées étaient dures et éprouvantes, mais enserrées malgré tout dans une routine familière. À présent, cette routine avait disparu, de sorte que les journées étaient devenues encore plus difficiles, encore plus éprouvantes.

Il était évident qu'après l'exécution de Suleyman al-Aqtaa, on avait décidé d'humilier les Juifs. De nouvelles sanctions ne cessaient de s'abattre sur eux pour les punir de leur insolence.

Le prince des Croyants, l'imam al-Mutawakkil, a ordonné, vers la fin du mois de Chawwal de la même année, de confisquer tous leurs biens et toutes les terres qu'ils n'avaient pas encore vendues. Au milieu du mois suivant de Dhu'l-Qaada, l'imam a envoyé dans chaque circonscription une troupe de soldats afin de recenser les Juifs et de lui envoyer les listes, puis il a décidé de multiplier par vingt la *jizia*[1].

Les Juifs ont continué à souffrir de cette situation pendant trois ans, à l'issue desquels l'imam a enfin allégé les sanctions, non sans que maints d'entre eux aient péri à

1. Tribut prélevé auprès des non-Musulmans en âge de faire la guerre, en contrepartie de leur protection contre les agressions extérieures ou, selon un autre point de vue, de leur usage des infrastructures publiques financées par la *zakât* (obligation d'aumône) des Musulmans.

Abyan, et que beaucoup se fussent convertis à l'islam pour échapper à l'anéantissement.

Il a tout d'abord diminué de moitié la *jizia* additionnelle qu'il avait imposée à titre de sanction ; dans un deuxième temps, il a été décrété que chaque Juif ne paierait plus nécessairement la totalité du montant requis mais seulement selon ses moyens. Quant à leurs avoirs et à leurs biens immobiliers, ils sont restés sous séquestre par les représentants locaux de l'imam jusqu'en l'an mil quatre-vingt-quatre de l'Hégire[1], date à laquelle l'imam a décrété leur restitution pleine et entière, ainsi que l'abolition définitive de la *jizia* additionnelle.

Les vicissitudes traversées au cours des années précédentes avaient conduit à de nombreux drames. Outre la famine qui avait entraîné la mort de nombre d'entre eux, beaucoup étaient devenus fous ou perturbés d'esprit. Les Juifs étaient plongés dans une telle confusion qu'en mil quatre-vingt-deux, ils s'étaient embrouillés dans la fixation des jours de leurs fêtes : ils avaient placé Yom Kippour durant le mois musulman de Jumada al-awwal, alors qu'il aurait dû avoir lieu le mois suivant ; ils avaient bien rectifié l'année suivante, mais pour refaire la même erreur deux ans plus tard, au point qu'on ne savait plus quelle était la bonne date.

Du reste, ils n'avaient pas joui très longtemps de cette relative tranquillité, puisque dès mil quatre-vingt-six, l'imam al-Mutawakkil a ordonné qu'on recommence à percevoir la dîme auprès des Juifs, portée pour l'occasion à des niveaux sans précédent.

---

1. Soit 1673 selon le calendrier grégorien.

Apparemment, ces levées d'impôts supplémentaires, dont la recette tombait, comme celle de la *jizia*, dans les coffres de l'imamat, émanaient de décisions unilatérales prises par l'entourage militaire de l'imam et non par ce dernier. C'est également ainsi qu'étaient décidées les razzias et les expéditions punitives lancées pour mater ceux – il s'agissait aussi bien de Musulmans sunnites que de Juifs – qui avaient l'outrecuidance de protester.

Dans la nuit du vendredi, cinquième jour du mois de Jumada al-thani de l'an mil quatre-vingt-sept, on a appris le décès de l'imam. On a pu alors voir ses fils, petits-fils et ascendants procéder à l'inventaire des biens et avoirs que le défunt avait laissés. Non contents de se disputer pour lui élire un successeur, ils ont dû délibérer sur la meilleure réponse à apporter aux nombreux détracteurs qui donnaient de la voix pour s'interroger sur l'origine douteuse de ses richesses – butins de guerre et produits des pillages opérés dans les villes de Lahaj, 'Aden et Hadramaout.

Avant de décider de son avenir personnel, chacun devait faire le bilan des trente-trois années que le défunt imam avait passées au pouvoir.

4

Après une lutte acharnée pour la succession d'al-Mutawakkil, c'est finalement Ahmad ibn al-Hassan qui l'a emporté, gagnant du même coup le surnom d'« al-Mahdi[1] ». L'Histoire, cependant, est restée fidèle à son cours précédent. Au bout de quelques mois à peine, la polémique sur l'opportunité d'expulser les Juifs de la région du Hijaz abritant La Mekke, voire de la péninsule arabique tout entière, a repris de plus belle.

Dans le prolongement de cette querelle, le cadi Ahmad ibn Saleh ibn Abou'l-Rijal a haussé le ton pour demander leur expulsion du Yémen, au motif que ce pays jouxtait le périmètre sacré du pèlerinage. « Tout le monde s'accorde à dire que les Juifs, dont Allah a relaté l'hostilité envers l'islam, doivent être tenus à l'écart de la Mosquée sacrée », a-t-il proclamé.

Il a argué que l'imam al-Mutawakkil avait personnellement ordonné leur expulsion, et que vers la fin de sa vie, alors qu'il était déjà malade, il avait même écrit de sa main : « Cette communauté présente à nos côtés n'a pas de loyauté, il convient de la chasser de la terre du Yémen en application du hadith du Prophète, sans se soucier des gloses et des ratiocinations des jurisconsultes quels

1. « Le bien guidé ».

qu'ils soient, qui donnent une interprétation erronée de ce hadith authentique. »

Le hadith du prophète Muhammad auquel se référait le cadi Abou'l-Rijal stipule : « Expulsez les Juifs du Hijaz », ou selon une autre version : « Expulsez les infidèles de la péninsule arabique. » On a su que feu al-Mutawakkil n'avait reculé dans sa résolution d'expulser les Juifs que sous l'influence d'un certain nombre d'oulémas et de jurisconsultes musulmans qui lui avaient demandé une audience pour l'adjurer de reconsidérer la question, vu les circonstances difficiles et les obstacles pratiques.

Ces circonstances et ces obstacles n'ont pas empêché Abou'l-Rijal de persévérer pour arriver à ses fins, ce qui s'est exprimé dans ses harangues et ses adjurations au nouvel imam afin que ce dernier ordonne l'expulsion sans délai.

Au premier jour du mois de Chaabane de l'an mil quatre-vingt-huit, al-Mahdi a transmis à Muhammad ibn al-Mutawakkil, l'émir de Sanaa, un ordre visant à « expulser les Juifs et raser entièrement leurs synagogues ». Des oulémas et des jurisconsultes de la ville ont engagé un dialogue à ce sujet avec l'émir ; plusieurs d'entre eux approuvaient la position de l'imam : les cadis Muhammad ibn 'Ali Qays al-Thulathi, Muhammad ibn Ibrahim al-Sahouli et bien sûr Ahmad ibn Saleh ibn Abou'l-Rijal. Quant à ceux qui s'opposaient à cette décision, ils étaient minoritaires et, bien entendu, leur voix n'a pas été entendue.

Deux ans ou un peu moins ont encore passé avant que ceux qui en voulaient aux Juifs arrivent à leurs fins. Al-Mahdi a commencé par détruire les synagogues d'al-Bon, et toutes les autres qui restaient au Yémen. Même la célèbre synagogue de Sanaa, qu'on s'était contenté jusque-là de condamner en clouant des planches sur les portes, n'y a pas échappé. L'imam a d'abord ordonné sa réouverture, le temps d'en sortir les livres et de renverser les récipients de vin stockés là pour le rituel. Muhammad ibn al-Mutawakkil a essayé de faire revenir al-Mahdi sur sa décision de détruire cette synagogue, invoquant son ancienneté et son appartenance au patrimoine, mais l'imam n'a rien voulu savoir. Pis, sa vindicte a redoublé, et il n'a eu de cesse que la synagogue ne fût entièrement détruite et qu'on ne rebâtît une mosquée par-dessus ses ruines.

Avant même qu'elle soit achevée et que son minaret ne s'élève dans le ciel, elle avait déjà reçu le surnom de mosquée d'al-Jala, mais rares étaient ceux qui demandaient pourquoi elle était désignée ainsi.

Il m'est apparu que l'imam, lorsqu'il avait ordonné que les Juifs soient expulsés de Sanaa, ne savait pas où ces derniers étaient censés se rendre. J'ai aussi eu l'impression que les Juifs eux-mêmes ignoraient où ils iraient. Comme s'ils avaient compris qu'ils ne retrouveraient plus jamais leur situation antérieure, et qu'ils devaient reformuler le rêve de Jérusalem qui les habitait, ou tout au moins le reporter temporairement. Non parce que ce rêve ne s'était pas réalisé, ni parce qu'on leur avait infligé des châtiments cruels, mais pour une autre raison qu'on ne pouvait divulguer ni détailler. Même ceux qui étaient au courant se refusaient à la répéter devant quiconque, et pourtant tous avaient reçu la même information : Shabbataï Tsevi, qui avait redonné vie à leur rêve de Jérusalem et de royauté, venait d'annoncer sa conversion à l'islam, conversion qu'il avait opérée de son plein gré et sans une once de remords.

Certains ont fait part à voix basse du dépit qu'ils avaient ressenti à cette nouvelle ; l'un d'eux a toutefois mentionné que pour nombre de théologiens juifs, Shabbataï était un charlatan. Cependant, ni ce facteur ni le fait qu'elle ait été combattue par la puissance ottomane n'expliquaient l'échec de sa prédication. L'homme a d'ailleurs ajouté : « L'échec le plus cuisant, c'est la décision de Shabbataï et de sa femme Sarah d'entrer dans la religion de l'islam. »

Mais les Juifs pouvaient-ils encore pleurer, après tout ce qu'ils avaient enduré ?

De toute façon, on ne leur en a pas laissé le temps, puisque la décision d'expulsion était désormais exécutoire. Non seulement ils étaient bannis, mais pour une destination inconnue qui les éloignait irrémédiablement de celle dont ils avaient tant rêvé…

Annexe à la
« Chronique des Juifs yéménites »

Cette période peut être appelée la « naissance du rêve juif et son anéantissement » ; mais on pourrait tout aussi bien la dénommer le « désastre infligé à Fatima », tant les événements décevants et cruels qui ont marqué ces années-là ont infléchi l'Histoire dans un sens contraire à ce que cette noble femme aurait pu escompter.

La vision des Juifs se rassemblant en vue de leur départ de Sanaa a provoqué en moi une fêlure douloureuse dont je ne me suis jamais guéri jusqu'à aujourd'hui. Ceux qui avaient conservé certaines possessions, maisons et objets de valeur, les ont vendus à des prix dérisoires.

« Je me jure de vous accompagner, en mémoire de Fatima. » Telle est la résolution que j'ai prise aussitôt que je les ai vus.

Je suis allé solliciter la permission au palais de l'intendant de l'imam, où j'ai fait la déclaration suivante : « Ma famille et mes anciens amis sont sur le point de partir, et je me dois de les saluer comme il convient en les accompagnant aux confins du Yémen. » Le cadi al-Chamsi m'a dissuadé de requérir cette permission, affirmant que j'allais m'exposer à une multitude de questions sur les raisons qui me poussaient à partir avec eux. « Écoute, m'a-t-il dit, tu n'as qu'à le faire, et personne n'en saura rien. »

J'ai acheté un âne et en ai loué un autre, je voulais aider les pauvres migrants à transporter leurs affaires ; et puis si je me fatiguais de marcher, je pourrais toujours monter l'un des deux. Mais mon projet ne s'est pas réalisé. Il y avait beaucoup de femmes âgées que les plus jeunes devaient porter sur leur dos, et des vieillards contraints de ramper comme des enfants, incapables de se mettre debout ni de faire un seul pas, des femmes enceintes, des mères avec leur nourrisson, et puis d'innombrables malades.

Dans ce contexte, deux pauvres ânes ne pouvaient être qu'une aide dérisoire. Je me suis contenté de les offrir aux premiers qui en avaient besoin : un vieillard incapable de marcher et une femme qui souffrait des suites d'une fausse couche. Selon le récit qu'elle nous a livré, elle avait perdu le fœtus après avoir été obligée de passer la nuit sans couverture pour se protéger du froid. Elle a affirmé que son mari, qui l'avait amenée la veille en prévision du départ avec le groupe, était retourné à l'aube chercher les quelques affaires requises par l'état de santé de son épouse, après quoi il la rejoindrait.

J'ai vu mon oncle et sa femme, ceux qui m'avaient expulsé de leur maison après m'avoir accusé de trahison. La vieillesse les avait épuisés : mon oncle a eu bien du mal à me reconnaître ; quant à son épouse, elle était devenue aveugle et malentendante.

Quand je suis retourné voir la femme qui avait fait une fausse couche, pour me rassurer sur son état, la surprise m'a figé sur place. Elle était hissée sur un âne et l'homme qui marchait à ses côtés n'était autre que… Saïd. Oui, Saïd, mon fils. Était-ce lui, le mari dont elle avait parlé ?

J'ai commencé par me cacher pour qu'il ne me voie pas. Il m'avait trompé en affirmant qu'il refusait de se marier, or, voilà qu'il avait apparemment épousé une Juive. Pourquoi ne m'avait-il rien dit de son mariage ?

Nous avonsfini par nous trouver face à face, et le trouble s'est emparé de lui. Il restait immobile, incapable de prononcer un mot.

« Eh bien, mon fils, que t'est-il arrivé ? Pourquoi ne m'as-tu pas prévenu que tu te mariais ? Je m'en serais réjoui. Ou bien craignais-tu que je refuse ton mariage avec une Juive ?

– Pardonne-moi, père », a-t-il répliqué, enhardi par mes propos, « mais c'est une longue histoire. Je te présente Fatima, elle est comme moi, elle ne sait pas si elle est juive ou musulmane. C'est la fille de Saba et de 'Ali le muezzin, que tu connais bien. Juive du côté de sa mère, et musulmane du côté de son père. »

La femme semblait stupéfaite de faire enfin ma connaissance.

« Tu te souviens, père, a-t-il poursuivi, que tu m'as laissé chez eux quand j'étais nourrisson. J'y suis resté seize ans. Je l'ai aimée et elle m'a aimé. Saba a essayé de convaincre son mari d'accepter mon mariage avec Fatima, hélas il a refusé, sous prétexte que mon père était d'origine juive, et que sa fille était musulmane puisque de père musulman. Ensuite, il a définitivement cessé d'invoquer cette excuse pour en privilégier une autre, à savoir que j'étais le frère de lait de Fatima. Pourtant, Saba m'a assuré que je n'avais jamais pris de son lait : après ma naissance, j'avais refusé de téter son sein, de sorte qu'elle avait dû m'allaiter avec du lait de vache et de chèvre, ensuite j'y ai pris définitivement goût.

– Il n'empêche, pourquoi tu ne m'as pas prévenu ?

– Je ne voulais pas te causer de souci et te faire revivre des souvenirs douloureux. »

Que pouvais-je dire, moi que ce récit forçait à entendre, à voir et à revivre exactement mon passé ? Certes, les prénoms avaient changé, mais l'histoire, elle, était la même.

« On s'est juré de ne jamais se séparer, a poursuivi Saïd, et on a continué de se voir en cachette ces dernières années. Quand l'expulsion des Juifs a été annoncée, on a décidé de partir avec eux, alors que Fatima était enceinte de trois mois, en déclarant qu'on était juifs, nous aussi – elle du côté de sa mère et moi du côté de mon père. Mais comme tu peux voir, personne dans cette foule ne viendra nous demander qui nous sommes ! »

Intérieurement, je me disais : « C'est vrai que les désastres et les souffrances rapprochent les gens ; ainsi deviennent-ils égaux malgré les différences de religion, d'origine, de couleur ou de race ! », mais j'ai préféré me taire pour écouter la suite de son récit.

« On s'est mariés à ta façon, exactement comme tu l'avais fait avec ma mère Fatima. Ma bien-aimée m'a dit : "Je t'ai pris pour époux", et moi j'ai répondu : "J'ai consenti."

– Ce n'était pas "ma" façon, c'était la façon de ta mère et la sienne seule – la façon de Fatima. »

Nous étions entourés par une multitude de jeunes soldats qu'on avait chargés d'escorter les migrants. Ils n'ont pas fait attention à ma présence, ou peut-être aucun d'entre eux ne m'avait-il vu auparavant.

De temps à autre, certains des migrants s'arrêtaient soudainement, incapables d'accomplir un pas de plus, et restaient en arrière de la foule. Ils avaient choisi la solution de facilité : refuser toute aide pour s'abandonner à la léthargie éternelle de la mort. Nous n'avons rien pu faire pour eux, si ce n'est les enterrer du mieux que nous pouvions.

« De toute façon, a conclu tristement Saïd, qu'on les enterre ou qu'on les abandonne au vent et aux corbeaux, ça ne changera rien : la terre entière est devenue un cimetière. »

Trois jours plus tard nous sommes arrivés dans un village dont on nous a dit qu'il s'appelait Mawza'.

« Arrêtez-vous ici, ne cessait de crier un soldat, où voulez-vous encore aller après ça ? »

Son éminence l'imam avait-il décidé pour nous, je veux dire pour les Juifs, que nous irions dans ce village et y resterions, ou bien était-ce le pur hasard, ou encore la décision arbitraire d'un soldat excédé de voir tous ces malades qui rampaient, tous ces affamés, tous ces mourants ?

Notre séjour dans ce lieu caniculaire ressemblait au voyage que nous avions accompli pour y parvenir : la faim et la fièvre se sont emparées de tous. Quant aux moustiques, rien ne les empêchait de sucer ce qui restait du sang des arrivants une fois que les autres fléaux avaient prélevé leur tribut. La mort apparaissait comme la douce gorgée qui procurerait le soulagement ultime, comme le guérisseur longtemps attendu. Au regard de sa promesse, le calvaire enduré pouvait apparaître comme anodin, voire irréel, comme s'il avait eu lieu dans le monde de l'oubli.

Tandis qu'il agonisait par une torride journée d'été, mon oncle m'a demandé d'être indulgent et de le pardonner pour sa sévérité passée. Sa femme, elle, n'a pas imploré mon pardon, au lieu de cela, elle m'a offert le sien, et encore, sous certaines conditions : je devais l'assurer que j'étais redevenu fidèle à ma religion d'origine – le judaïsme –, et que je m'étais repenti du péché d'infidélité que j'avais commis en me convertissant à l'islam. À la fin, je ne suis même pas sûr qu'elle ait consenti à me pardonner. Si elle avait été capable de pardonner, elle aurait aussi été capable d'éprouver du remords, ce qui ne s'est jamais produit. Pour quelqu'un comme moi qui la connaissait bien, il était impossible d'aboutir à une autre conclusion : elle était morte avec ses rancœurs, tout comme mon frère, et sans doute comme mourraient Assaad et le muezzin, eux aussi confits dans leur haine.

Au contraire de Haïm, auquel le chant avait permis de tout oublier tandis qu'il marchait vers sa tombe, au contraire de Fatima hier et d'al-Shabizi demain. À propos, ce grand poète dont j'avais tant entendu parler, où était-il à présent ? Haïm était mort, et Fatima aussi, mais lui était toujours vivant. Pouvait-il quelque chose pour les Juifs ?

Avec deux compagnons, j'ai décidé de partir lui rendre visite à Taiz, où il habitait. Au bout d'un voyage d'une nuit et un jour, nous sommes arrivés chez lui. C'est seulement après l'avoir vu que nous nous sommes sentis encore vivants. « Je sais ce qui vous a amenés jusqu'à moi, nous a-t-il déclaré. Sachez que l'affaire a été réglée, vous êtes désormais autorisés à rentrer à Sanaa. »

**«Je suis le descendant du beau Juif…
le petit-fils de Fatima»**

1

Je ne sais par où commencer. Une chose est sûre : je ne voulais pas écrire sur la situation générale des Juifs, ni continuer les pages que mon grand-père avait commencées avec sa « Chronique des Juifs yéménites ». Mon propos était plutôt de retracer des destins individuels : ceux de mon grand-père, de ma grand-mère et de mon père.

Vous allez dire que le destin de ma grand-mère, vous le connaissez déjà à travers ce que mon grand-père en a relaté dans ses mémoires. Votre réaction est excusable, dans la mesure où, contrairement à moi, vous ignorez qu'elle a eu un second destin.

Je n'avais pas jugé bon de vous en dire plus sur mon compte, car initialement, je voulais seulement ajouter une annexe à la Chronique de mon grand-père. Néanmoins, je me présente : je suis Ibrahim Saïd Salem, le petit-fils du beau Juif et de Fatima. Je suis donc le fils de Saïd – l'homme né d'une mère musulmane et d'un père juif, du moins à l'origine – et de Fatima – la fille de Saba la Juive et de 'Ali le muezzin musulman.

Mon père m'appelait « le Sanaïte » car aussi bien lui que ma mère sont nés à Sanaa. De son côté, ma mère m'appelait « le Raydite », puisque selon ses dires, mes grands-parents étaient originaires de Rayda. Quant à mon grand-père, il ne m'appelait jamais autrement que « le Haïssi ». Il m'a expliqué que j'avais été conçu à

Mawza‘, près de Haïs. J’ai répliqué que dans ce cas, on devrait me surnommer « le Mawzaïte ». Il a précisé que pendant sa grossesse, ma mère avait eu des envies incontrôlables de pâtisseries, notamment le *qazzaz* qu’on faisait venir spécialement de Haïs. « En fait, a conclu mon grand-père, tu es le produit des pâtisseries de Haïs et de son *qazzaz* blanc, croquant et onctueux à la fois ; tu es donc un authentique Haïssi. »

Je n’étais plus capable de faire la part entre le vrai et le faux. Mon grand-père lui-même était opposé à ce genre de distinctions fondées sur l’appartenance, et pourtant, il ne cessait de me répéter d’où je venais.

J’ai ainsi appris que j’étais né après le retour des Juifs de Mawza‘ à Sanaa. À cette époque, mon père Saïd s’était installé chez mon grand-père, en compagnie de ma mère, dont les parents sont restés trente-cinq ans durant sans savoir où était leur fille. D’ailleurs, cet isolement s’est poursuivi par la suite puisqu’elle s’est abstenue de voir quiconque, restreignant son univers à notre petite cellule familiale qui avait augmenté d’un membre après la naissance de ma sœur Chamaa.

Dans mon enfance, je n’avais jamais su comment me définir : étais-je juif ou musulman ? J’avais cherché en vain une origine et une culture auxquelles me rattacher.

À force d’être taraudé cinq ans durant par cette question, j’avais fini par lui trouver la seule réponse valable. Ces cinq années, je les avais passées avec mon grand-père, qui s’était employé à m’enseigner les deux langues – l’hébreu et l’arabe –, puis les trois religions monothéistes – le judaïsme, le christianisme et l’islam –, ainsi que certaines notions sur le bouddhisme, le taoïsme, le confucianisme, les mythes babyloniens et grecs, sans parler des récits inspirés des littératures arabe, persane et indienne.

Quand j'ai eu quatorze ans, j'ai enfin su qui j'étais, car j'avais découvert de quelle culture je venais – autrement dit mon origine. Cette origine, elle se résumait en deux mots, ou plutôt en deux noms: j'étais issu de Fatima et du beau Juif. D'ailleurs, à terme, je finirais par retourner à eux: ils étaient à la fois le passé d'où je provenais et l'avenir que je léguerais.

2

J'étais la personne la plus proche de mon grand-père, après ma grand-mère Fatima bien sûr, qui était toujours restée à ses côtés, partageant tous les moments de sa vie, s'immisçant dans ses conversations, dans son sommeil et ses veilles.

Il m'a donné les livres qu'il avait écrits et ceux qu'il avait lus. En me voyant bouleversé par la lecture de sa « Chronique des Juifs yéménites », il m'a montré un texte de trois pages, en précisant qu'elles étaient d'un auteur inconnu, ainsi que deux autres livres sur cette période écrits par des auteurs musulmans, Yahia ibn al-Hussein et 'Abdallah ibn 'Ali al-Wazir. Dans tous ces documents, le récit du calvaire subi par les Juifs durant les années noires était sensiblement identique, et cette similitude était visible même dans le style. Comme si une même plume avait rédigé ces lignes et les avait glissées dans les livres des deux chroniqueurs musulmans, dans le texte de l'auteur inconnu et dans le manuscrit du beau Juif, mon grand-père. Cette plume, c'était bien sûr la sienne.

Il avait désormais plus de quatre-vingt-dix ans, cependant je le voyais toujours jeune ; d'ailleurs lui aussi se voyait ainsi, se plaisant à répéter qu'il était encore un jeune homme.

Au cours de sa dernière année, il a décidé de transporter les restes de sa femme Fatima depuis sa tombe isolée dans le cimetière juif jusqu'au cimetière musulman.

Une fois son souhait réalisé, il m'a demandé, répondant lui-même à la question qu'il me posait: «Penses-tu qu'elle va apprécier ce que j'ai fait? Pour elle, toutes les terres se valaient, de même que tous les êtres humains qui les arpentaient.»

Ce que mon grand-père n'avait pas prévu, cependant, ce fut la réaction des proches de Fatima.

Je suis allé avec lui leur rendre visite à Rayda. Les parents de Fatima étaient décédés, seuls étaient encore vivants quelques cousins du côté paternel, ainsi que ses oncles maternels. Il leur a révélé l'histoire de Fatima, tout en leur demandant pour elle indulgence et pardon. Ensuite, il leur a révélé l'emplacement de sa nouvelle tombe, en leur disant qu'ils étaient bien sûr les bienvenus pour la visiter.

«L'être humain finit par retourner à sa famille et à ne faire qu'un avec elle, même par-delà la mort», leur a-t-il dit.

Nous avons vu le trouble et l'agitation chez nos interlocuteurs tandis qu'ils chuchotaient et se concertaient à voix basse. Pour finir, ils ont décidé de faire venir d'autres membres de la famille. Mon grand-père a déclaré alors: «Nous avons laissé à la pension où nous sommes hébergés une bourse pleine d'or et d'argent, que Fatima souhaitait léguer à sa famille. Si vous voulez, nous allons partir la chercher et revenir.»

En route, tandis que nous nous éloignions de Rayda sur les deux ânes qui nous avaient amenés de Sanaa, il a murmuré: «Leurs regards lançaient des étincelles de haine, ils voulaient nous tuer.» Comme je ne comprenais pas, il a précisé: «Ils vont me tuer à cause de mon alliance avec Fatima, ils considèrent que c'est contraire à leur religion, et que cela jette la honte sur leur famille et même sur toute la tribu. Quant à toi, ils vont te tuer parce que tu es le fruit de cette union interdite, une branche de l'arbre qu'il faut éradiquer entièrement, et c'est eux qui doivent s'en charger. »

Trois jours plus tard, mon père Saïd est allé rendre visite à la nouvelle tombe de sa mère. Il m'a dit que, absorbé par son chagrin pour elle et sa compassion pour mon grand-père, il n'avait pas vu le temps passer, au point qu'il était resté une partie de la nuit sur place. Soudain, son attention avait été attirée par des cris de colère, et par le bruit des pelles en action. Une dizaine d'hommes s'activaient en vociférant, et à leur côté se tenait le gardien du cimetière, qui habitait non loin de là. « Apparemment, c'est lui qui leur avait désigné la tombe », a commenté mon père avant de poursuivre son récit.

« J'ai entendu l'un d'eux s'écrier : "Il n'y a pas de place dans notre cimetière pour cette renégate, elle n'a qu'à aller avec les Juifs infidèles !" J'ai compris que les hommes en question étaient ceux auxquels mon père Salem avait rendu visite quelques jours plus tôt, les membres de la famille de ma mère, c'est-à-dire de ma famille à moi. Je suis allé les voir, j'aurais voulu leur parler, leur lancer un appel : "Ohé mes oncles, ohé parents de ma mère, ohé mes frères !" mais je n'ai pas pu, visiblement, leur colère n'était pas retombée. Ils avaient exhumé ses restes et les avaient placés dans un couffin. Si seulement j'avais pu l'étreindre contre ma poitrine, moi l'orphelin privé de sa tendresse ! J'aurais voulu toucher ses ossements avec délicatesse et amour, et non comme ces gens irascibles qui les avaient brutalement jetés au fond d'un couffin. J'aurais voulu lui dire pour la première fois : "Oh, mère !" »

Un peu plus tard, mon père a prévenu mon grand-père que ces gens-là avaient déterré le corps de sa Fatima pour le transférer dans le cimetière juif, prétextant qu'un chapardeur avait dû profaner une tombe juive et abandonner les ossements dans le cimetière musulman. Mon grand-père s'est réjoui en apprenant que les restes de son épouse étaient maintenant au milieu des autres tombes juives et non plus à l'écart, mais il ne s'était pas écoulé un jour qu'on l'informait d'un nouveau transfert: les Juifs avaient découvert que la nouvelle tombe improvisée au milieu des leurs n'était autre que celle de « la bannie », comme ils l'appelaient, et ils avaient décidé de la transférer de nouveau à l'écart.

Ce jour-là, mon grand-père est resté longtemps endormi, avec, posé sur sa poitrine, le livre qu'il avait écrit sur ses souvenirs avec Fatima. Il n'a pas répondu à nos appels, et bientôt nous avons découvert qu'il était mort.

3

Mon père s'est arrangé pour se rendre de nuit dans le cimetière juif; il voulait exhumer discrètement le corps de mon grand-père pour l'enterrer à l'écart, aux côtés de celui de Fatima, mais il a dû s'interrompre car quelqu'un a donné l'alerte, croyant à un profanateur de sépultures. Mon père ne lui a échappé que par miracle, mais avec la dépouille sur les bras, il n'avait plus d'autre alternative que le cimetière musulman – après tout, mon grand-père s'était lui-même déclaré de cette religion. Toutefois, le corps n'est resté là qu'une seule nuit. D'après mon père, le gardien l'a prévenu que quatre hommes étaient venus et avaient dégagé sa tombe, puis ils avaient emporté sa dépouille pour la déposer ailleurs, loin du cimetière musulman: «Ils m'ont dit que c'était un infidèle, a raconté le gardien, et qu'il était illicite de l'enterrer avec les Musulmans. Moi, je savais bien que c'était un homme vertueux et qu'il avait grand cœur, mais je n'ai rien pufaire.»

Cette nuit-là, mon père n'a cessé de délirer: «Qu'est-ce que c'est que cette histoire? Comment c'est possible? La terre n'a pas voulu d'eux, et les habitants de la terre non plus. Ni la terre ni personne… Ni personne!» Il a parlé des guerres qui opposaient les morts. Il a expliqué que ceux-ci sortaient de nuit et se donnaient l'assaut à grands cris, se combattant à l'aide de haches et de pierres. « D'ailleurs, ils se battent aussi le jour, a-t-il ajouté, pas seulement la nuit. Je les ai vus de mes propres yeux ! » Il parlait comme s'il s'adressait à lui-même, j'ai eu l'impression que ses nerfs lâchaient complètement, mais il ne s'est pas arrêté pour autant, il a continué un moment son monologue. Avant de s'enfoncer dans un silence prolongé, il s'est encore écrié tout en agitant les mains : « Ici… là-bas… là-bas… ici… j'en sais rien… le beau Juif et Fatima ne sont même pas réunis dans la mort. Quelle histoire ! Quelle histoire ! C'est possible, ça ? C'est possible, ça ? Qu'est-ce qu'ils veulent ? Qu'on réduise leurs os en poussière et qu'on les disperse à la volée ? Pas de tombe, pas de patrie, et en plus exposés à tous les vents ! »

Au matin, mon père Saïd n'était pas à la maison. Nous l'avons cherché près des tombes où son père et sa mère étaient enterrés, à l'écart l'un de l'autre. Il n'y était pas, pas plus que Fatima ni le beau Juif. Leurs tombes étaient éventrées et vides de leurs dépouilles.

On nous a appris qu'il était parti vers l'est, un baluchon à la main. D'autres ont dit : vers l'ouest. Certains pensaient qu'il s'était dirigé vers le nord, d'autres assuraient au contraire qu'il avait pris la direction du sud. Sans parler de ceux, peu nombreux il est vrai, qui penchaient pour une hypothèse différente, entièrement différente…

Cet ouvrage a été achevé d'imprimer en février 2015
sur les presses de Normandie Roto Impression s.a.s.
61250 lonrai
N° d'imprimeur : 1500647
Dépôt légal : mars 2015

Imprimé en France